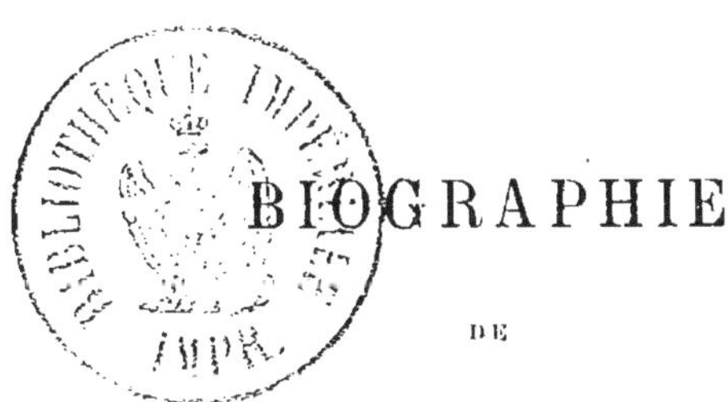

BIOGRAPHIE

DE

VERGNIAUD

IMPRIMERIE L. TOINON ET C°, A SAINT-GERMAIN.

BIOGRAPHIE

DE

VERGNIAUD

DISCOURS

PRONONCÉ A L'OUVERTURE DE LA CONFÉRENCE DES AVOCATS

LE 16 DÉCEMBRE 1865

PAR

L. DE VERDIÈRE

Avocat à la Cour Impériale

SUIVI DE

LETTRES INÉDITES DE VERGNIAUD

PARIS

E. DENTU, ÉDITEUR

LIBRAIRE DE LA SOCIÉTÉ DES GENS DE LETTRES

PALAIS-ROYAL, 17 ET 19, GALERIE D'ORLÉANS

—

1866

On trouvera à la suite de cette biographie une série
de lettres inédites que Vergniaud écrivit à son beau-
frère, M. Alluaud, de 1782, époque de ses débuts au
barreau de Bordeaux, à 1793, époque de sa mort.

On connaissait Vergniaud par des discours, mais
c'est pour la première fois qu'on aura sous les yeux
des écrits directement émanés de la plume de l'illustre
et infortuné Girondin.

L'auteur tient ces pièces de la généreuse obligeance
des derniers héritiers de Vergniaud, M. Alluaud, ancien président du conseil général de la Haute-Vienne,
et M. Mallevergne, président de chambre à la cour
impériale de Limoges : il est heureux de les remercier
ici publiquement.

BIOGRAPHIE
DE VERGNIAUD

MONSIEUR LE BATONNIER,

Mes chers confrères,

Il y a soixante-douze ans, dans ce vieux palais où s'écoule notre vie, Vergniaud a parlé pour la dernière fois! Il était jeune, éloquent, célèbre : des juges, instruments dociles d'une colère aveugle, le condamnèrent sans l'entendre, et le 31 octobre 1793, le grand orateur de l'époque la plus agitée de notre histoire montait sur un échafaud et mourait à l'âge de quarante ans. Sa carrière politique n'avait duré que deux années.

Dans ce court espace de temps, que d'événements s'étaient accomplis!

Le trône constitutionnel de Louis XVI, qu'une inquiète méfiance avait établi sur des bases trop fragiles, violemment ébranlé le 20 juin, s'était écroulé le 10 août.

La guerre s'était abattue sur la France et s'apprêtait à ensanglanter l'Europe pendant vingt-cinq ans.

La république avait remplacé la monarchie.

Le roi de France n'avait quitté sa prison du Temple que pour marcher au supplice.

Robespierre enfin, avec une ténacité qui, à défaut de génie, devait assurer son détestable succès, débarrassé par un hardi coup de main de ces importuns parleurs qui refusaient en se taisant de devenir les complices de l'assassinat, avait inauguré la Terreur sous laquelle la France humiliée devait gémir jusqu'au 9 thermidor.

Mêlé à tous ces événements, appelé par la confiance de ses concitoyens à se prononcer sur chacun d'eux, Vergniaud n'en fut pas seulement le spectateur tour à tour satisfait ou irrité ; il compta au nombre des principaux acteurs de ce drame, dont le dénoùment devait être si funeste à la liberté.

Orateur entraînant, il n'est peut-être pas une discussion qu'il n'ait animée de son souffle ; pas une grande mesure qu'il n'ait approuvée ou combattue ; pas une orageuse délibération dont il n'ait dominé le tumulte.

Idole d'un peuple qu'il excellait à captiver, il en devint la victime ; il goûta les joies de la popularité et en connut les prodigieux retours ; ses paroles, accueillies d'abord par des applaudissements, furent couvertes ensuite par des murmures ; poursuivi d'insultes que des adversaires devenus tout-puissants avaient lâchement soudoyés, il traversa pour mourir cette grande ville témoin de ses triomphes et qui retentissait encore de ses accents.

Telle fut cette existence si remplie et pourtant si courte.

Entouré de ces hommes dont le nom demeuré célèbre passionne les esprits et les divise encore, Vergniaud n'a fait que passer avec eux à travers la révolution française.

Si l'éclat de son immense talent, si sa fin tragique excitent la sympathie ou commandent le respect, ses défaillances et ses fautes réclament un jugement sévère.

Aussi bien, il ne s'agit devant vous, Messieurs, ni de louer àtout propos, ni de blâmer sans mesure : il importe de rendre aux événements leur caractère, en cherchant à se tenir à égale distance de l'enthousiasme irréfléchi et des sévérités calculées. Il importe surtout de s'efforcer à rétablir des faits qui trop souvent n'ont été jusqu'à ce jour qu'un texte de déclamations, une occasion avidement saisie de réhabiliter des mémoires justement condamnées, le prétexte enfin des insinuations les plus perfides.

Ce ne sont pas uniquement des louanges qu'il convient de décerner ici : ce sont avant tout des vérités qu'il faut dire.

Pierre-Victurnien Vergniaud naquit le 31 mai 1753, à Limoges, dans cette ville que déjà avait honorée la naissance de d'Aguesseau. Sa famille appartenait à cette classe de la société, intelligente et modeste, dont la fermeté courageuse mérita de triompher un jour de la résistance d'une royauté qui s'obstinait aveuglément à maintenir des priviléges surannés.

Presque en bas âge, Vergniaud avait comme le pressentiment de son génie, et jouait à l'éloquence comme d'autres enfants jouent à la guerre. Il s'enfermait mystérieusement dans sa chambre : là, sa petite tête s'échauffait; il s'adressait, en tremblant, à l'auditoire que son imagination avait créé, parlait avec feu sur des catastrophes horribles, se figurait voir la foule s'agiter autour de lui, croyait en entendre les acclamations.

Cet enfant, qui connut prématurément les difficultés de la vie, fut confié à des mains étrangères : sa mère était morte. Son père, riche négociant, qui depuis perdit toute sa fortune dans de folles entreprises, le mit de bonne heure au collège des jésuites de Limoges : ce fut là que Vergniaud reçut les premiers éléments de l'éducation solide que des événements inattendus devaient lui permettre de terminer ailleurs de la manière la plus brillante.

Un homme, dont la grande âme et la sagacité agissante auraient pu prévenir les maux qui menaçaient la France si ses patriotiques efforts ne se fussent brisés contre d'insurmontables obstacles, exerça sur l'avenir de cet enfant une certaine influence. Peut-être ses conseils et ses exemples même ne furent-ils point tout à fait étrangers à ce qu'il y eut parfois de noblement chimérique dans les projets et dans les espérances de l'illustre député de Bordeaux. Ce fut Turgot : intendant d'une province où il s'initiait alors par les plus sages réformes à cette courageuse tentative qui échoua bientôt devant la bonté irrésolue de Louis XVI et l'aveuglement des privilégiés, Turgot parut deviner dans Vergniaud le talent du futur orateur de la Gironde et sut à tout le moins distinguer ce jeune homme que son isolement contribuait à rendre plus intéressant encore. L'élève des jésuites de Limoges commençait à peine ses humanités, et déjà ses compositions littéraires, premiers fruits d'une riche nature, témoignaient des qualités les plus rares. Un jour il récita devant Turgot, dont la bienveillance attentive s'étendait à tout, des vers qui ne manquaient, dit-on, ni d'esprit ni de grâce. La voix était harmonieuse, la diction était pure, le geste était heureux. Turgot fut surpris et charmé tout ensemble, et ce poëte de quinze ans devint ainsi son protégé.

A la faveur de ce haut patronage, Vergniaud vint à Paris, et, bientôt admis au collége du Plessis, il y acheva, sous des maîtres estimés, de très-fortes études.

Ainsi le sort l'avait fait naître à Limoges, le crédit de Turgot l'appelait à Paris; l'affection que lui voua vers le même temps un magistrat éminent allait le fixer à Bordeaux.

Dupaty, l'un des plus illustres disciples qu'ait rencontrés Voltaire dans la magistrature, était alors président à mortier au parlement de cette ville. Plusieurs fois, en 1778, il avait eu l'occasion de voir et d'entendre Vergniaud. Dès l'abord, il conçut pour le protégé de Turgot, dont il fit le sien, une amitié profonde, et se montra l'un des plus chaleureux admirateurs comme un des plus utiles conseillers de ce jeune talent qui donnait dès lors de grandes espérances. Une telle bonne fortune, cette fois encore Vergniaud ne la devait qu'à son mérite. Il quitta Paris, et, résolu à embrasser une carrière où l'appelaient des dispositions naturelles, il devint le secrétaire du magistrat qui mettait généreusement à son service sa bourse et son expérience [1].

Dupaty écrivait à cette époque à M. Alluaud, beau-frère de son jeune ami : « J'ai payé de mes deniers et je » continuerai à payer pour d'autres années la pension » de votre beau-frère. Je lui procurerai moi-même des » causes de choix pour ses débuts, il ne lui faut que du » temps : un jour il fera une grande gloire à son nom. » Aidez-moi à pourvoir à ses nécessités les plus ur- » gentes ; il n'a pas encore de robe de palais : j'écris à » son oncle pour toucher sa générosité ; j'espère que » nous en obtiendrons un habit. Reposez-vous sur moi » du reste, et fiez-vous à l'intérêt que m'inspirent ses » infortunes et ses talents. »

Dupaty tint ses promesses : des causes de choix devinrent pour son jeune ami de premières occasions de succès. Bientôt d'ailleurs l'éclat de cette parole déjà si ferme et l'énergie de cette discussion déjà si pressante éveillèrent l'attention du barreau, et le nom de Vergniaud fut connu.

Cependant, insouciant et rêveur, ce jeune avocat, dont les débuts avaient été si brillants [2], préférait une modeste retraite aux émotions de l'audience et aux spirituelles causeries de ses confrères : quelques amis d'un agréable commerce, des auteurs favoris, de longues heures passées dans l'oisiveté, tels étaient les tranquilles plaisirs de cette existence qui commençait dans le calme pour s'éteindre trop tôt, hélas ! dans

---

1. Lettre de M. Dupaty à M. Alluaud, V. p. 86.

2. Lettres de Vergniaud. Bordeaux, 13 avril 1782, p. 87 ; Bordeaux. 20 avril 1782, p. 88.

l'ardente lutte de la tribune et la fiévreuse agitation des partis.

Il était sans fortune : le travail fut donc son unique ressource. Sa carrière prématurément fructueuse, en le mettant à l'abri du besoin, lui permit de bonne heure de satisfaire sans peine des goûts peu dispendieux, du reste. Paresseux avec délices, il ne mettait son intelligence et ses talents au service d'autrui que par nécessité, et s'il défendait toujours avec conscience les intérêts qui lui étaient confiés, du moins il ne trouvait à s'en occuper aucun charme : c'était un autre théâtre qu'il fallait à cette âme qui sommeillait encore, et le travail parfois ingrat du barreau était impuissant à éveiller en elle un enthousiasme que seule y pouvait allumer la liberté. Amoureux du repos, Vergniaud détestait surtout les fâcheux. On ne le voyait pas rechercher avidement des occasions de succès que ceux de son âge s'empressent ordinairement de solliciter, et s'il lui arrivait qu'on lui en présentât de brillantes, ce n'était qu'à regret qu'il paraissait en profiter. Il en repoussa même avec imprévoyance. On rapporte à ce sujet une curieuse anecdote.

Un procureur, frappé de son talent, heureux de lui témoigner de la confiance, lui apporte gracieusement deux causes importantes.

Le jeune Vergniaud, troublé dans ses chères rêveries, se résigne d'abord, mais d'assez mauvaise grâce, à entendre le récit d'une fastidieuse affaire. Mais, bientôt impatienté, il n'y peut plus tenir, se lève brusquement, ouvre son secrétaire, et rassuré sans doute par l'examen de sa fortune présente, il congédie le procureur étonné.

Cette blâmable indifférence existerait-elle encore de nos jours? A coup sûr, elle est chose rare. Peut-être se trouve-t-elle à Bordeaux? à Paris on la dit inconnue [1].

Vergniaud semblait donc incapable d'imposer à son esprit le fardeau d'un labeur destiné à demeurer obscur. On eût dit qu'il n'y avait que la nécessité qui pût le contraindre à oublier pour quelques instants du moins son habituelle indolence.

Mais bientôt il devait cesser de demeurer oisif, et le temps était passé pour lui de la vie insouciante et facile. Aussi bien, les événements qui devaient retourner la France comme on retourne profondément une terre pour lui faire porter de plus riches moissons, allaient agiter tout à coup une existence jusqu'alors tranquille par nature autant que par nécessité, et donner à des ardeurs qui s'ignoraient encore une naturelle occasion de se produire.

Quand éclata la révolution française, Vergniaud avait trente-six ans. Au premier rang parmi ces hommes jeunes, ambitieux, éloquents, qui se résignaient mal à ne déployer leur activité que sur un théâtre qu'ils estimaient indigne de leurs talents, il n'attendait comme eux que ce signal pour s'élancer dans une carrière qui s'ouvrait devant lui pour la première fois : ce fut par conséquent avec enthousiasme qu'il accueillit le mouvement régénérateur de 1789 et s'associa à la commune allégresse.

---

1. Vergniaud avait un oncle qui était prieur de Saint-Léonard ; il écrivait à M. Alluaud : « Je vous avoue ingénument que si je trouve quelque occasion pour faire sentir à votre beau-frère ma façon de penser sur toute sa conduite passée, la morale la plus raisonnable lui sera servie en abondance par un oncle vraiment amateur du bon ordre et de la subordination. »

Alors, en effet, il y eut en France quelques instants d'une joie délirante : ce sacrifice immédiat que les uns venaient de faire de leurs priviléges, semblait avoir dissipé le ressentiment des autres ; les haines paraissaient éteintes, les espérances réalisées, les vœux accomplis, et la nation entière déposait avec respect aux pieds de Louis XVI le titre glorieux de restaurateur de la liberté ! Ces sentiments, Vergniaud les éprouvait très-sincèrement ; aussi, donnant libre cours à son admiration, écrivait-il le 17 mai 1790 : « Bénissons Louis XVI d'avoir reconnu que le pouvoir » des rois émane de la volonté des peuples, et que » vingt-quatre millions d'hommes ne doivent pas être » soumis aux erreurs et aux caprices d'un seul. » Bénissons-le d'avoir reconnu que son plus beau » titre est celui de roi-citoyen ; que, comme tel, il est » soumis le premier à la loi et que tout Français ne » doit reconnaître aucun pouvoir qui n'émane d'elle » et ne lui soit subordonné. La loi et le roi, tel sera » désormais le cri de ralliement de tous les bons » citoyens. »

Ainsi, celui qui, cinq ans plus tard, vota la mort du roi, se plaisait alors à vénérer hautement sa loyauté.

Fiers des droits nouveaux qu'ils entendaient maintenir dans leur intégrité première, les électeurs en 1789, chose remarquable, ne prenaient conseil, à cette heure solennelle, que de leurs consciences, et leurs suffrages, spontanément exprimés, allaient trouver le plus souvent ceux que désignaient leurs talents ou leurs vertus. Ces heureuses dispositions profitèrent à Vergniaud, qui fut d'abord envoyé au conseil général du département de la Gironde [1]. Parmi les hommes distingués qui y entrèrent avec lui, il ne tarda pas longtemps à se faire une place à part ; ces fonctions, qu'il ne pouvait manquer de remplir avec distinction, lui fournirent des occasions nombreuses, et avidement saisies, de parler et d'écrire. Pour le feu dévorant de cette âme, ce fut comme un aliment destiné à l'entretenir jusqu'au jour où le souffle des passions populaires en ferait jaillir au dehors les flammes étincelantes.

Des troubles venaient de se produire dans le département de la Corrèze ; dans ces campagnes, habitées par la misère et l'ignorance qui la suit, ce n'était point chose rare. Vergniaud fut appelé à présenter la défense de Durieux, membre de la garde nationale de Brives, lequel était accusé d'avoir été le provocateur de ces désordres. Là, son éloquence prit librement son essor ; rien ne la retenait plus captive ; débarrassée de ses entraves, elle s'éleva jusqu'à des hauteurs qu'elle n'avait point encore atteintes, et malgré le respect dû au prétoire, des applaudissements éclatèrent au moment où, parlant de malheureux paysans tombés sous une décharge meurtrière, l'orateur s'écria : « Victimes infortunées d'un attroupement qui » n'eut pour principe que l'imprudence et l'orgueil » de ceux qui vous calomnient, vous avez terminé » votre déplorable existence sans qu'aucune main » généreuse ait tâché de soulager vos douleurs, sans » que l'humanité vous ait offert la moindre consola- » tion.

1. Lettres de Vergniaud. Bordeaux, 10 juillet 1790, p. 102.

» Quelques-uns de vous ont été expirer sur le seuil
» de l'église, comme pour se rapprocher de la divi-
» nité, au moment où les hommes les abandonnaient ;
» d'autres se sont traînés dans des écuries, où, pour
» lit de mort, ils ont eu la moitié du fumier sur lequel
» reposaient de vils animaux. Accablés pendant votre
» vie par la misère et la tyrannie, même à l'instant
» où vous avez cessé d'être, une fatalité cruelle a paru
» vous poursuivre. Je ne dirai point qu'on n'a pas
» daigné recueillir vos noms. Eh ! qu'importe que
» vous viviez dans la mémoire des hommes dont vous
» avez tant à vous plaindre ! mais vos cadavres sont
» restés pendant tout un jour exposés au mépris et à
» l'insulte de vos meurtriers. Il semble que ce soit
» moins par humanité qu'on ait rendu votre dépouille
» à la terre, que pour faire cesser un spectacle dont
» on ne pouvait plus supporter l'horreur.

» Victimes infortunées, vous pouvez avoir encouru
» quelques reproches ; mais j'ose croire que je n'en
» mérite aucun pour verser sur votre tombe solitaire
» quelques larmes de pitié ! »

Le succès fut immense, et le plaidoyer est resté justement célèbre.

Ainsi s'écoulaient pour Vergniaud les premières
années de la révolution française : ses triomphes au
barreau préparaient ses triomphes à la tribune, et
son nom, depuis longtemps illustre à Bordeaux, commençait à retentir au delà de sa province.

Cependant la fuite du roi venait d'échouer tristement à Varennes ; Louis XVI était rentré captif dans
Paris, et au froid accueil de cette foule silencieusement rangée sur son passage, l'infortuné monarque

avait pu facilement prévoir ce que l'avenir lui réservait de douleurs !

Cet événement commença sans doute de faire naître chez Vergniaud des idées nouvelles. Les soupçons s'éveillèrent dans son âme ; à la sympathie succéda la méfiance, et le temps n'était plus éloigné où, persuadé que Louis XVI s'efforçait de ressaisir son ancien pouvoir, il allait en aveugle se jeter dans une voie dont la prudence non moins que la justice auraient dû, ce semble, lui signaler les écueils.

Au bruit de l'évasion, Bordeaux demeura consterné ; on ne parla du roi qu'avec colère, et même on se montra plus emporté qu'à Paris. Sur la proposition de Vergniaud, l'administration du département de la Gironde demanda que le roi fût renvoyé devant la haute cour nationale pour y répondre de sa conduite : s'il était trouvé coupable, la nation, réunie en assemblées primaires, devait être consultée sur sa destitution.

Le roi ne fut que provisoirement suspendu, et les efforts du parti républicain pour obtenir la déchéance se brisèrent au Champ de Mars, contre la fermeté de Lafayette.

Ce fut le dernier succès d'un parti, dont les Barnave, les Lameth, les Duport furent impuissants à relever les forces.

Cependant, l'assemblée qui venait de donner une constitution à la France touchait au terme de sa longue carrière et pour la nation le temps était venu de choisir des mandataires nouveaux. L'éclat de sa parole, les opinions qu'il avait professées, les fonctions qu'il avait remplies, tels furent les titres de Vergniaud à la confiance de ses concitoyens. Au mois d'août 1791, il se vit élu représentant de la nation, et s'achemina vers Paris avec ceux de ses confrères qui avaient obtenu les mêmes suffrages [1].

Un diplomate français, Allemand de naissance, M. de Reinhart, a raconté qu'en 1791 il avait fait le voyage de Paris à Bordeaux dans une voiture publique qui amenait les Girondins. Il observait ses compagnons et en était ravi. C'étaient des hommes pleins d'énergie, de grâce, d'une jeunesse admirable, d'une verve extraordinaire et dévoués sans borne aux idées. Il remarqua bien chez eux de l'inexpérience et de la légèreté, et les trouva trop dominés par les habitudes du barreau, mais le charme était tel qu'il ne se sépara pas d'eux, et dès lors, dit-il, je pris la France pour patrie et j'y suis resté [2].

L'Assemblée législative venait de recueillir le lourd héritage que lui transmettait l'Assemblée constituante. Par un désintéressement impolitique et funeste, les membres de la précédente assemblée s'étaient refusé l'entrée de la seconde. Les représentants de la nation, au mois d'octobre 1791, étaient donc des hommes entièrement nouveaux.

Les uns, déjà connus, arrivaient avec une réputation toute faite ; ils s'étaient signalés soit par leurs écrits, soit par des discours prononcés dans ces assemblées populaires, dès lors si tumultueuses et qui devaient imprimer aux événements une marche si rapide. C'était Brissot, républicain ardent et publiciste distingué, le disciple passionné de Rousseau, de Raynal, de Mably ; Condorcet, esprit géomètre et chi-

1. Lettres de Vergniaud. Bordeaux, septembre 1791, p. 104.
2. Ces lignes sont empruntées à M. Michelet.

mérique ; Fauchet, évêque constitutionnel du Calvados : il devint l'intime ami des Girondins, et mourut comme eux.

Ramon, Vaublanc, Beugnot, hommes courageux qui se disposaient à lutter même sans espérance de vaincre.

Les autres étaient obscurs ; mais la plupart, jeunes, ambitieux, ardents, brûlaient de conquérir les faveurs de la popularité, et soupiraient après les enivrements de la tribune.

Dans cette assemblée, les députés de la Gironde, modestement à l'écart, ne devaient pas longtemps demeurer dans l'ombre. Par leurs merveilleuses aptitudes n'étaient-ils pas destinés à jouer de bonne heure un rôle important sur cette scène agitée où tant de colères et tant de haines s'étaient donné comme rendez-vous, pour présenter au monde le spectacle admirable et terrible d'une grande nation qui, même en courant les chances du suicide, essayait de se régénérer !

Trois hommes envoyés par la ville de Bordeaux formaient un groupe à part. Au milieu d'un parti qui manqua souvent d'unité, et réunit des opinions que séparaient des nuances très-sensibles, ils devaient demeurer inséparables, et suivre toujours la même voie. Animés des mêmes sentiments, caressant les mêmes illusions, ils allaient consacrer au succès des mêmes idées des qualités différentes, et poursuivre le même but avec des aptitudes diverses, mais qui se prêtaient un mutuel appui. C'était Guadet, Gensonné, Vergniaud.

Tous trois avocats distingués, ils étaient à peu près

du même âge : une étroite amitié les unissait. Guadet, orateur véhément, mettait une fougue impétueuse au service d'opinions exaltées ; il improvisait avec une rare facilité, et excellait à porter à ses adversaires les coups les plus redoutables. Toujours prêt, il s'élançait à la tribune avec audace et y déployait les ressources inépuisables de son esprit ingénieux.

Aussi calme que Guadet était impétueux, Gensonné, austère et grave, n'avait aucune des qualités qui séduisent ; mais, doué d'un jugement droit, il savait, dans la forme la plus concise, offrir la discussion la plus vigoureuse, et s'il était impuissant à transporter les esprits par les mouvements de son éloquence, il savait du moins les enchaîner par la force de sa dialectique.

Vergniaud unissait à l'éloquence impétueuse du premier l'inflexible logique du second, et l'emportait sur tous les deux par l'élévation de sa pensée et la dignité soutenue de son langage. Orateur le plus accompli de la Gironde, il était de ces hommes rares qui n'ont pas besoin de grandir lentement dans une assemblée, mais qui, d'un seul bond, s'élancent au premier rang et s'y maintiennent comme sans effort. Pour ceux qui connaissaient Vergniaud, qui savaient par expérience ce que sa parole avait de puissance et de prestige, il n'était pas douteux que la première fois qu'il monterait à la tribune, il remporterait un triomphe qui lui mériterait les sympathies des uns en éveillant les appréhensions des autres.

Près d'un mois s'était écoulé depuis le commencement de la législature, et pourtant Vergniaud s'obstinait à se taire. Nonchalamment assis auprès de ses confrères, il se montrait distrait ou rêveur : on l'eût dit étranger au mouvement qui se produisait autour de lui, et les brillantes paroles que ses amis faisaient retentir à ses oreilles étaient impuissantes à le tirer de l'indifférence où il paraissait endormi.

Enfin, le 25 octobre 1791, Vergniaud secoue sa torpeur : les regards sont fixés sur lui; pour la première fois, il parle, et sa voix harmonieuse exerce sur ses auditeurs subjugués sa mystérieuse influence. Émue, comme étonnée de cette apparition, l'assemblée tout entière, silencieusement recueillie d'abord, écoute avec respect cette éloquence nouvelle. Bientôt, elle éclate en applaudissements, qui apprennent au député de Bordeaux tout ce que peut son éloquence. La France possède un grand orateur de plus ! Ainsi, à chacune de ses phases, la révolution française devait avoir à son service un de ces hommes qui ont le pouvoir de charmer et de passionner une foule attentive. La première assemblée de la nation avait retenti, pendant près de trois années, des accents magiques et des colères vénales de Mirabeau !

La seconde entendra la parole imposante, toujours élevée, de Vergniaud ; la troisième trouvera dans Vergniaud encore, cette fois grandi par la lutte mais comme aigri par l'injustice, ce redoutable adversaire de la Montagne qui repousse avec dédain les grossières invectives de Marat ou les savantes accusations de Robespierre, accable de ses mépris les auteurs et les complices du 2 septembre, et monte fièrement sur l'échafaud, dressé par le comité de salut public devenu tout-puissant, pour y mourir avec les proscrits du 31 mai !

Ce fut contre les émigrés que, pour la première fois, se déchaîna cette éloquence. On ne parlait alors de l'émigration qu'en tremblant, et les rassemblements de Worms et de Coblentz paraissaient formidables ; et pourtant ceux qui émigraient follement parce que les princes le voulaient, et, laissant derrière eux l'anarchie, abandonnaient le roi sous prétexte de le mieux servir, pouvaient peut-être devenir dangereux ; ils n'étaient guère encore que ridicules. Officiers sans soldats, gentilshommes braves mais isolés, sans ressources, presque sans armes, à la merci de l'étranger, ne se fussent-ils pas brisés contre la France s'ils eussent eu l'incroyable audace de l'attaquer ?

« Non, s'écriait Vergniaud, ils ne sont pas redou-
» tables ces factieux, aussi ridicules qu'insolents, qui
» décorent leur rassemblement convulsif du nom
» bizarre de France extérieure ; non, bientôt on verra
» ces nobles mendiants, qui n'ont pu s'acclimater à la
» terre de l'égalité, expier dans la honte et la misère
» le crime de leur orgueil, et tourner des yeux trem-
» pés de larmes vers la patrie qu'ils ont abandonnée ;
» et quand leur rage, plus forte que leur repentir, les
» précipiterait les armes à la main sur son territoire,
» s'ils n'ont pas de soutien chez les puissances étran-
» gères, s'ils sont livrés à leurs propres forces, que se-
» raient-ils, si ce n'est de misérables pygmées qui,
» dans un accès de délire, se hasarderaient à parodier
» l'entreprise des Titans contre le ciel[1] ? »

1. Discours du 25 octobre 1791. *Moniteur universel* du 26 octobre.

Ce fut ainsi que celui qui demandait contre les émigrés des mesures qu'il ne pouvait faire adopter qu'en montrant qu'ils étaient redoutables, rendit à la vérité, aux dépens de la logique, un éclatant hommage.

Vergniaud voulait que les biens des émigrés fussent frappés d'une triple contribution foncière, que les fonctionnaires fussent privés de leurs traitements, que les déserteurs fussent punis comme tels ; mais le 4 novembre l'assemblée prit des mesures bien autrement violentes : les émigrés furent condamnés à mort, et on confisqua leurs biens. Persuadés qu'ils travaillaient à sauver la France, dont ils préparaient la ruine, Guadet, Gensonné, Condorcet invoquèrent, pour la première fois, ce principe commode du salut public qui allait autoriser toutes les violences, légitimer toutes les illégalités, justifier toutes les usurpations. Mirabeau n'était plus là pour s'écrier : « Si vous faites » une loi contre les émigrants, je jure de n'y jamais » obéir ! » C'était du premier coup atteindre au dernier degré de la rigueur. Dans cette discussion, qui remplit de longues séances, la Gironde avait fait ses premières armes ; Vergniaud fut élu président de l'assemblée, mais cette distinction flatteuse lui ferma quelque temps la bouche [1].

Cependant ce jeune homme, dont la voix ébranlait un trône, était sans ressources et sans espérances de fortune, et si l'amitié ne se fût empressée de venir à son secours, il eût mené l'existence la plus précaire, dans cette grande ville où son nom était devenu tout à coup célèbre. Roger-Ducos et Fonfrède, tous deux

---

1. Lettres de Vergniaud, p. 105 ; octobre 1791.

comme lui jeunes et députés de la Gironde, appartenaient à de riches familles de Bordeaux ; ils lui offrirent cordialement l'hospitalité, et une même chambre
les réunit tous les trois.

Vergniaud était pauvre, mais il était incapable d'échanger sa pauvreté contre une aisance qu'il eût obtenue facilement peut-être en vendant sa parole. Il
eut toutes les délicatesses d'une probité scrupuleuse,
et son éloquence est demeurée toujours pure. Il se
refusait même à solliciter pour sa famille auprès des ministres, si fondés d'ailleurs que fussent les droits qu'on
le priait de faire valoir ; car il craignait que la demande
d'une justice ne parût, à sortir de sa bouche, commander une faveur [1]. Et pourtant sa puissance croissait à chacun de ses discours ; il devenait redoutable.
Enhardi par ses premières victoires, sans hésiter, il
s'élança dans une voie qu'il parcourut avec d'autant
plus d'entraînement qu'il y goûtait les premières joies
d'une popularité à laquelle il devait par malheur tant
sacrifier un jour.

Ce que Vergniaud voulait, c'était surtout susciter à
la monarchie de nouveaux embarras.

S'emparer des esprits en les effrayant, les préparer
à accepter ainsi, au nom de la patrie en danger, tout
ce que leur conseillerait la peur ; tel fut désormais le
but de ses efforts.

Le plan était habilement conçu ; le procédé, irrésistible ; l'homme chargé de l'appliquer, un merveilleux artiste. Le succès fut complet.

Par la magie de son style, par la vivacité de ses

______

1. Lettres de Vergniaud, p. 105, octobre 1791 ; p. 107, février 1792.

images, Vergniaud ne cessa d'évoquer, dans l'assemblée, des fantômes épouvantables et chaque jour à pleines mains il jeta, dans une terre qui n'était que trop bien préparée à les recevoir, les terreurs et les soupçons.

« La contre-révolution, s'écriait-il, c'est-à-dire la
» dîme, la féodalité, la gabelle, les bastilles, les fers,
» des bourreaux pour les élans sublimes de la liberté,
» des armées étrangères dans l'intérieur de l'État,
» l'horrible banqueroute engloutissant, avec vos assi-
» gnats, vos fortunes particulières et les richesses
» nationales, les fureurs du fanatisme, celles de la
» vengeance, les assassinats, le pillage, l'incendie,
» enfin le despotisme et la mort se disputant dans
» des ruisseaux de sang et sur des monceaux de cada-
» vres l'empire de votre malheureuse patrie [1] ! »

Sous l'action de cette ardente parole, les craintes les moins justifiées envahirent d'abord les esprits les plus faibles, et les imaginations malades virent partout, au lendemain d'un triomphe trop rapidement obtenu pour ne pas sembler éphémère, des maux qui pourtant n'étaient plus à redouter.

Le 25 octobre 1791, Vergniaud avait dit : « Quant
» aux empires dont les émigrés implorent les se-
» cours, ils sont ou trop éloignés ou trop fati-
» gués par la guerre du Nord, pour que nous ayons
» de grandes craintes à concevoir de leurs pro-
» jets. »

Mais à peine eut-il compris qu'une guerre avec l'Autriche et la Prusse, en redoublant des alar-

---

1. Projet d'adresse au peuple français présenté à l'assemblée par M. Vergniaud, le 27 décembre 1791.

mes déjà si vives, servirait utilement ses projets, qu'il résolut de se procurer à tout prix le secours de cet utile auxiliaire, et changea subitement de langage.

Ces souverains, qu'hier encore il déclarait incapables de menacer la France parce qu'il les estimait impuissants, il se plut tout à coup à les montrer redoutables.

Ces craintes, qu'il y a quelques jours il rejetait avec mépris, laissant aux hommes pusillanimes la honte de les partager, il les trouva sérieuses et les proclama fondées; ces émigrés, qu'il représentait hier mendiant en vain contre la patrie le secours de l'étranger, aujourd'hui partout on les accueillait et partout on épousait leur querelle!

L'Europe entière, dans sa haine pour la liberté, puisait des forces inconnues, et s'apprêtait à soumettre de nouveau la France au joug abhorré du despotisme.

« L'état où nous sommes, s'écriait-il le 18 jan-
» vier 1792, est un véritable état de destruction qui
» peut nous conduire à l'opprobre et à la mort! Aux
» armes donc, aux armes, citoyens! hommes libres,
» défendez votre liberté ; assurez l'espérance de celle
» du genre humain, ou bien vous ne mériterez pas
» même sa pitié dans vos malheurs [1] ! »

Ces paroles ne pouvaient que trouver un facile écho dans des cœurs patriotiques. Dès ce jour on crut la France humiliée, les intérêts sacrés de la liberté gravement compromis, le retour de la tyrannie immi-

1. Séance du mercredi 28 janvier 1792. *Monit. univ.*

nent; on s'entoura de dangers imaginaires pour se
donner le prétexte de les combattre; on se crut sé-
rieusement menacé alors qu'on menaçait les autres,
et le 20 avril 1792, trois mois après le discours de
Vergniaud, l'assemblée décrétait la guerre au roi de
Bohême et de Hongrie. Cette fois encore Vergniaud
l'emportait, et cette victoire achevait de lui donner
un incontestable ascendant. Tout réussissait donc au
gré de ses ambitieux désirs, et même le succès dépas-
sait son attente. Il avait dirigé ses premiers coups
contre l'émigration; il se flattait d'avoir fait trembler
sur leurs trônes ces maîtres couronnés dont l'heure
lui paraissait venue de terminer la race; les attaques
qu'il dirigea contre les ministres lui furent l'occasion
d'un nouveau triomphe.

La responsabilité ministérielle est en soi une chose
excellente, assurément, et il n'est pas nécessaire,
comme parfois il arrive, d'avoir perdu ce bien pour en
apprécier tous les avantages. Mais, il faut l'avouer, on
en faisait alors un singulier abus.

Si les Girondins n'avaient cessé de garder vis-à-vis
de Louis XVI l'attitude froide mais respectueuse que
l'usage aussi bien que la prudence leur imposaient encore, ils se dédommageaient de cette contrainte en dé-
chargeant sur des ministres responsables leurs patriotiques colères. C'était un moyen ingénieux de tout
concilier. Le reste de majesté que conservait la monarchie empêchait qu'on ne se répandît contre le roi
en invectives; d'ailleurs, elles eussent été prématu-
rées. On se résignait donc à prendre un chemin plus
long, puisqu'il le fallait, mais tout aussi sûr, et les
impertinences arrivaient toujours à destination.

Des ministres de Louis XVI, de Lessart fut le plus violemment attaqué. Pendant six mois, les Girondins travaillèrent à le perdre. Vergniaud se chargea de porter le dernier coup, et, le 10 mars 1792, après avoir pris le soin de rappeler à l'assemblée qu'au moment où il s'agissait de faire un acte aussi solennel, il importait de s'abstenir de tout ce qui pouvait ressembler à la passion, il foudroya ce ministre qui avait lâchement trahi la confiance dont une grande nation l'avait honoré. Puis, agitant une main tremblante dans la direction des Tuileries, il s'écria : « De cette » tribune où je vous parle on aperçoit le palais où des » conseillers pervers égarent et trompent le roi que » la constitution nous a donné, forgent les fers dont » ils veulent nous enchaîner, et préparent les ma- » nœuvres qui doivent nous livrer à la maison d'Au- » triche !

» Je vois les fenêtres du palais où l'on trame la » contre-révolution, où l'on combine les moyens de » nous replonger dans les horreurs de l'esclavage, » après nous avoir fait passer par tous les désordres » de l'anarchie et par toutes les fureurs de la guerre » civile ! Le jour est arrivé où vous pouvez mettre un » terme à tant d'audace ! L'épouvante et la terreur » sont souvent sorties dans les temps antiques de ce » palais fameux, qu'elles y rentrent aujourd'hui au » nom de la loi [1] ! »

Au milieu des applaudissements, de Lessart fut décrété d'accusation. Vergniaud le destinait à l'échafaud, ce fut au massacre qu'il l'envoya.

---

1. Lundi 12 mars 1792. *Monit. univ.*

Les Jacobins se félicitaient des triomphes de ce jeune tribun qui se perdait à leur profit, et reconnaissants de succès qui préparaient les leurs, pour quelque temps encore ils consentaient à imposer silence à l'envie. Isolés et sans influence dans une assemblée qu'ils se disposaient bientôt à dominer par la tyrannie, ils s'estimaient heureux d'avoir trouvé dans Vergniaud un puissant auxiliaire de leurs projets.

A peu près vers la même époque, une nouvelle expérience les autorisa à croire que ce précieux concours ne leur ferait pas défaut.

On ne parlait qu'en frémissant des crimes commis à Avignon. Les fosses profondes où des bourreaux, tristes précurseurs des bourreaux de septembre, avaient enfoui tant d'innocentes victimes, effrayaient les esprits.

Les Suisses de Châteauvieux, condamnés aux galères pour vol et pour assassinat, avaient su toucher la sensibilité des Jacobins, et Collot d'Herbois leur avait obtenu l'honneur de s'asseoir, coiffés de ce bonnet rouge devenu depuis l'emblème sanglant de la liberté, sur les mêmes bancs que les représentants de la France. Sans présomption, les assassins d'Avignon pouvaient se flatter d'obtenir les mêmes égards en excitant les mêmes sympathies. Les Jacobins en effet demandèrent avec instance qu'ils fussent épargnés.

Vergniaud mit sa voix au service de cette cause ; il parla avec indulgence de ces crimes commis dans l'effervescence qui accompagne toujours les grandes révolutions. Il se demanda « si ceux qui se consacraient » à leurs succès ne commençaient pas par faire le sa- » crifice de leur vie, et s'il n'était pas téméraire

» de se flatter d'effrayer celui qui ne craint pas la
» mort[1]. » Il concluait à l'amnistie, et l'amnistie fut
accordée.

A ce moment, si son titre de représentant de la
nation n'y eût fait obstacle, Vergniaud, l'une des nota-
bilités les plus importantes de son parti, fût peut-être
devenu ministre, car Louis XVI, dont le règne ne fut
qu'un long essai, voulut essayer des Girondins. Ne
pouvant s'offrir eux-mêmes, ceux-ci présentèrent et
firent nommer des candidats de leur choix. L'un d'eux
fut Roland.

C'était un homme d'apparence austère, mais extrêmement ambitieux ; il parlait avec tant de conviction
de ses talents et surtout de ses vertus, qu'il avait
presque fini par en convaincre ceux que sa sotte pré-
tention aurait certainement éloignés, si les charmes
de sa spirituelle compagne ne les eussent facilement
séduits.

Jeune, belle, éloquente, madame Roland mit de l'em-
pressement à s'entourer de ces jeunes politiques qui
brillèrent un instant avec elle sur le même théâtre,
qui la précédèrent sur cet échafaud où elle est morte
avec un courage stoïque. Elle leur exposait ses idées,
encourageait leurs efforts, leur communiquait son
enthousiasme.

Tout enfant, elle lisait dévotement Plutarque à
l'église, et pleurait de chagrin de n'être pas née Spar-
tiate ou Romaine.

Jeune fille exaltée, par amour pour l'antiquité et par
envie démocratique elle fut républicaine, à une époque

1. Lundi 19 mars 1792. *Monit. univ.*

où les hommes qui allaient devenir ses amis ne son-
geaient peut-être pas encore à la république.

Épouse et mère, elle fut incapable de sacrifier à ses
devoirs ses penchants romanesques, et si Roland conserva toujours son estime, Buzot ne tarda pas à régner
sur son cœur.

Au souffle de l'envie, la haine grandit dans cette âme
excitée, et, après en avoir banni la justice, y étouffa
jusqu'à la pitié.

Marie-Antoinette, si indignement calomniée, lui
parut une étourdie qui joignait à l'insolence autri-
chienne l'ivresse des sens et la perversion !

Des malheurs inouïs, héroïquement supportés, la
dignité royale soutenue parmi des outrages impurs,
un long martyre qui se termina par une tragique mort,
ne touchèrent pas cette fière républicaine; et cette
femme sensible, formée à l'école de la *Nouvelle Héloïse*,
ne sut même pas compatir aux douleurs d'une mère !
La fille de Marie-Thérèse avait humilié, par le seul
fait d'être, la fille du graveur Phlipon !

Madame Roland n'aimait pas Vergniaud. Si elle le
proclamait le plus éloquent de l'assemblée, elle lui
trouvait l'égoïsme de la philosophie, et lui faisait un
crime de sa paresse [1].

Entraîné chez elle par Guadet et Gensonné, Vergniaud la vit sans plaisir. Il n'en reçut qu'un froid
accueil, et s'en consola auprès d'une beauté plus tou-
chante et moins impérieuse.

Ses mœurs faciles, ses instincts d'artiste, ses goûts
littéraires le ramenaient souvent dans la société d'une

1. Mémoires de madame Roland. — Édition Faugère. — Portraits et anec-
dotes, p. 152.

célèbre actrice du Théâtre-Français. Madame Simon-Candeuille exerçait sur lui le double prestige de l'esprit et de la grâce.

Poëte, écrivain, comédienne, elle composait avec talent des drames où elle déployait ensuite toutes les ressources de son art. Quittant les hautes régions de la politique, Vergniaud ne dédaignait pas de composer pour elle, et cette main qui écrivait des discours, trouvait encore le temps de tracer quelquefois des vers. Il s'enivrait de cette vie d'enchantement, de musique, de déclamation ; menait de front les plaisirs et les affaires ; quittait le boudoir pour la tribune, et paraissait infatigable. On eût dit qu'il se hâtait de cueillir sa jeunesse, comme s'il eût pressenti qu'elle dût être prématurément moissonnée !

Ce fut peut-être l'époque la plus agitée de l'existence de Vergniaud : pendant quelques mois, il se sentit comme dévoré des ardeurs de la fièvre. Les prodigieux succès qu'il avait obtenus, les projets ambitieux qu'il avait formés, les folles espérances qu'il caressait entretenaient dans son âme une activité que son habituelle indolence faisait paraître plus dévorante encore. Au sein de l'assemblée, il redoublait d'audace ; toujours prêt, toujours éloquent, il combattait comme un homme désormais certain, en toute circonstance, de triompher. Son geste était plus impérieux ; sa parole plus pressante ; son éloquence plus impétueuse ; les coups qu'il frappait, étaient plus redoutables ; les traits qu'il lançait, plus acérés ; et chaque jour, cette voix pénétrante, qui ne se faisait plus entendre sans soulever les applaudissements, portait les menaces et les terreurs dans ce palais désolé dont les maîtres devaient bientôt s'enfuir devant les aveugles colères du peuple.

Sans se soucier de l'avenir, sans s'interroger sur l'emploi de sa victoire, sans arrêter un seul instant ses regards sur l'abîme qui s'ouvrait devant lui, Vergniaud prit à tâche de mettre enfin à bas ce trône déjà si profondément ébranlé, et sembla réclamer l'honneur de ruiner la monarchie.

Le 10 mai, il proposa contre les prêtres insermentés des mesures violentes que la constitution condamnait aussi bien que l'humanité.

L'Assemblée constituante leur avait refusé l'exercice de leurs fonctions, mais conservé toutefois une pension, proclamée la plus sacrée des dettes nationales.

L'Assemblée législative se montra moins scrupuleuse à leur endroit, et commença par supprimer l'indemnité.

Vergniaud, en demandant qu'ils fussent déportés, préparait un refus de sanction, occasion indubitable de dénoncer les nouvelles trahisons de la cour, de proférer contre elle de nouvelles menaces et de se répandre contre Louis XVI en nouvelles objurgations.

Le 29 mai, Vergniaud appuyait le licenciement de la garde du roi : c'était le désarmer pour le renverser plus aisément ensuite ; et l'assemblée, qui continuait d'usurper tous les pouvoirs, décréta le licenciement.

Dans les premiers jours de ce mois, qui fut comme l'agonie de la royauté, Vergniaud, qui venait de désarmer le roi, s'empressait de lui susciter de nouveaux périls : la formation du camp de 20,000 hommes, à Paris, éveilla ses patriotiques ardeurs.

C'était Servan, ministre de la guerre, qui le premier

avait inventé cet ingénieux moyen d'assurer dans la
capitale le triomphe de l'émeute. Devenu ministre,
comme Roland, par le crédit des Girondins, il leur
témoignait, comme lui, sa reconnaissance en mettant
son influence au service de leurs passions.

Servan présentait effrontément à l'assemblée des
projets de décret sans l'avis du conseil. De son côté,
le vertueux Roland payait avec les fonds de son département les journaux et les placards où l'autorité
du roi n'était pas plus respectée que sa personne.

La patience de Louis XVI était à bout : il résolut de
renvoyer les ministres que les Girondins lui avaient
donnés, et pria Dumouriez, l'un d'eux, de le débarrasser de l'impertinence de ses collègues.

Aimable, insinuant, par l'agrément de ses manières,
Dumouriez appartenait à ce monde brillant qui déjà
n'était plus qu'un souvenir. Capable de jouer avec
une égale aisance les rôles les plus opposés, le matin,
par de spirituelles saillies, il parvenait à dérider le
front soucieux du roi ; le soir, coiffé du bonnet rouge,
il fraternisait avec les Jacobins, et tutoyait volontiers
Chabot. Sans conviction, il n'était d'aucun parti et les
aurait volontiers servis tous ; haï, mais recherché ;
estimé non pour des vertus qu'il n'avait pas, mais
pour des talents qui le rendaient utile, pendant quarante ans, il avait parcouru l'Europe en aventurier ; il
fut ministre quelques jours, et mourut en exil.

Véritable Protée, il revêtit toutes les formes,
parla tous les langages. Courtisan de nature, il charmait par son esprit ; ministre, il étonna par sa fermeté ;
jacobin à l'occasion, il en prit les allures par nécessité ; homme de guerre par instinct, il s'improvisa

grand général et sauva la France dans les défilés de l'Argonne.

Ce fut à cet homme que s'adressa le roi, et le ministère fut renouvelé.

Vergniaud en conçut le ressentiment le plus amer; le 13 juin, il parla avec émotion de ces ministres dont la disgrâce en était une pour tous les amis de la chose publique, et l'assemblée décréta, sur sa proposition, que Servan emportait les regrets de la nation [1].

Pendant quelques jours les Girondins s'étaient flattés de diriger à leur gré et sans peine un monarque qu'hier encore ils affirmaient capable de les trahir, qu'ils croyaient aujourd'hui incapable de leur résister. Mais ce roi, si vacillante que fût sa volonté, avait parfois et sous le coup d'une irritation longtemps contenue des éclairs d'énergie qui étonnaient toujours. Vergniaud et ses amis venaient de l'éprouver à leurs dépens. Ils avaient procuré des ministres, on s'était permis de les renvoyer; ils avaient donné des conseils, on ne les avait pas suivis; Vergniaud avait supplié le roi de permettre que 20,000 patriotes, émeutiers de profession, formés dans les clubs qui couvraient la France, vinssent seulement camper à Paris, aux portes mêmes des Tuileries, et le roi s'y était opposé! à la voix de Vergniaud, l'assemblée venait de décréter la déportation des prêtres, et Louis XVI n'avait pas craint de refuser sa sanction! C'en était trop, et tant d'obstination réclamait un châtiment exemplaire : ce fut l'avis de Vergniaud, et la guerre se poursuivit plus implacable que jamais.

1. Mercredi 13 juin 1792. *Monit. univ.*

Qu'un même péril menace ou qu'un même but attire, les antipathies les plus profondes s'effacent ou du moins s'atténuent, et la nécessité de s'unir pour résister ou pour vaincre fait surmonter plus d'un dégoût!

Aussi, à cette époque, Girondins et Jacobins, tout en se détestant, se prêtaient un mutuel appui, et, avant de se déchirer les uns les autres, réunissaient leurs efforts pour travailler ensemble, par des moyens très-différents, à obtenir le même résultat.

Les Girondins, élégants, spirituels, continuaient de déclamer avec chaleur comme ils avaient coutume de le faire. Au souvenir irrité des récents événements dont ils gardaient rancune, leur langage toujours fleuri atteignait souvent un tel degré de violence qu'il ne se distinguait des propos tenus à la tribune voisine que par plus d'élégance ou plus de correction.

L'honnêteté de leur vie, la distinction de leurs manières, leur aversion pour des excès qu'ils devaient un jour flétrir, tout ne contribuait-il pas à leur inspirer de l'horreur pour cette émeute qui s'apprêtait à sortir de la fange des faubourgs? Et pourtant, il leur arrivait de prononcer parfois d'horribles paroles! A coup sûr, s'il leur eût été donné d'en apercevoir les détestables effets, leurs cœurs se fussent soulevés de dégoût!

Aux Cordeliers et aux Jacobins, on était moins éloquent, mais plus pratique; ce n'était pas de chimères qu'on se nourrissait; il fallait des émeutes! on s'occupait activement à en susciter de terribles, et des révolutionnaires de bas étage en ordonnaient les funestes apprêts.

Le 20 juin 1792 une multitude armée, que Pétion

avait laissée se former et grossir dans les faubourgs,
se pressait aux portes de l'Assemblée nationale, et
demandait à grands cris qu'il lui fût permis d'offrir
aux représentants du pays l'hommage de son respect.
La voix de Vergniaud s'éleva pour appuyer cette
demande ou plutôt cet ordre. Ne serait-il pas inconve-
nant et dangereux de repousser ce peuple qui frémit
d'impatience et d'exécuter une loi que des violations
si nombreuses commandent impérieusement de violer
encore?

On s'empressa d'obéir, et aussitôt Santerre, suivi de
son vil cortége, bondit dans la salle.

Trois heures après, cette foule, dont les colères
croissaient à chaque pas, brisait les faibles obstacles
qu'on opposait à sa course effrénée, et se répandait
comme un torrent dans les appartements du roi.

Calme, résigné, Louis XVI, entouré de quelques
honnêtes gens, contemplait sans pâlir le flot qui cou-
lait en grondant à ses pieds et regardait tristement
briser son sceptre!

La nouvelle de ce désordre parvient à l'assemblée :
elle est accueillie par l'indifférence satisfaite des uns,
par l'irritation mal contenue des autres; on s'agite, on
discute, on s'aigrit encore; pourtant il faut agir! on
parle de se rendre aux Tuileries : Vergniaud se lève et
y court en toute hâte.

Déjà il se mêle à cette populace frémissante qui
hurle des cris de mort; avec peine, il se fraye un passage à travers ses rangs pressés; il se nomme, il insiste, il arrive enfin! Avilissement du trône! profond
abaissement de la royauté! Louis XVI humilié, insulté!
cette tête qui portait naguère la plus belle couronne

de l'univers, affublée d'un ignoble bonnet! Des factieux, qui outragent le prince, le raillent et le mena-
cent! féroce vengeance qui s'appesantit sur une inno-
cente victime! haines amassées pendant des siècles, et
assouvies sur le plus honnête des rois! Vergniaud
parle: sans doute le calme va renaître; ces fureurs
vont s'apaiser; ce peuple, un instant égaré, se retirera
silencieux et soumis!

Mais cette voix, qui ne connaît encore que le bruit
flatteur des applaudissements, s'étonne de son impuissance, et se perd au milieu des clameurs! il parle
encore : vains efforts! on ne l'écoute ni ne l'entend!
il importune! il irrite, on ne le connaît plus, et les
saturnales se poursuivent jusqu'à ce que rassasiée du
spectacle lamentable qu'offre cette majesté déchue,
la foule enfin se retire, et abandonne cette demeure.
maintenant souillée, où la reine, Madame Élisabeth,
l'infortuné dauphin, sa sœur, tous accablés de douleur
et de fatigue, comme suspendus au cou du roi, se ser-
rent étroitement autour de lui, le couvrent de leurs
larmes et de leurs embrassements! groupe désolé que
les geôliers du Temple contempleront bientôt de plus
près !

Depuis cette insurrection qui ne fut qu'une menace,
une semaine s'était à peine écoulée, et Vergniaud,
l'inutile témoin de ces scènes révoltantes, s'écriait à
la tribune, en terminant un perfide discours : « O Roi,
» qui sans doute avez cru, avec le tyran Lysandre, que
» la vérité ne valait pas mieux que le mensonge, et
» qu'il fallait amuser les hommes par des serments
» ainsi qu'on amuse les enfants avec des osselets! qui
» n'avez feint d'aimer les lois que pour parvenir à la

» puissance qui vous servirait à les braver ! pensez-
» vous nous abuser aujourd'hui par d'hypocrites pro-
» testations, nous donner le change sur la cause de nos
» malheurs, par l'artifice de vos excuses et l'audace
» de vos sophismes? Non, non, homme que la géné-
» rosité des Français n'a pu émouvoir, homme que
» le seul amour du despotisme a pu rendre sensible:
» vous n'êtes plus rien pour cette constitution que
» vous avez si lâchement violée, pour ce peuple que
» vous avez si lâchement trahi [1] ! »

Un mois après ce discours qui avait excité le plus vif enthousiasme, la populace du 20 juin, plus hardie, et cette fois honteusement victorieuse, se ruait de nouveau sur les Tuileries. Le roi courba la tête sous l'orage, et vint chercher un refuge parmi les représentants de la nation. « Messieurs, dit-il, je suis venu » ici pour éviter un grand crime ; et je pense que je » ne saurais être plus en sûreté qu'au milieu de vous. »

Vergniaud présidait l'assemblée : il vit la royauté tomber au pied de la tribune, contempla quelque temps cette grandeur déchue, et s'adressant à l'arrière-petit-fils de Louis XIV : « Sire, dit-il, vous pouvez compter » sur la fermeté de l'Assemblée nationale. Ses mem-» bres ont juré de mourir en maintenant les droits du » peuple et les autorités constituées ! »

Il avait à peine achevé que le bruit de la fusillade et du canon ébranlait la salle : les Suisses fidèles et les hordes de Westermann et de Lazooski étaient aux prises. Ce fut dans l'assemblée un moment de cruelle attente. Au signal du combat, Marie-Antoinette avait

1. Mardi 3 juillet 1792. *Monit. univ.*

fièrement relevé la tête : peut-être se flattait-elle encore que ses amis, invincibles en combattant pour elle, auraient facilement raison d'une tourbe de séditieux. Le bruit se rapprochait du manége ; le tumulte devenait effrayant ; les balles traversaient les fenêtres.

Tout à coup, un officier paraît au seuil de la salle, nu-tête, les cheveux en désordre, l'épée à la main ; derrière lui se pressent ses soldats condamnés à respecter une populace qui continue lâchement à s'acharner sur eux !

Le peuple l'emportait ; il ne restait plus à Louis XVI qu'une prison et la mort, et à la vue des dépouilles de son palais, la reine, pâle, tremblante, comprit enfin que tout était perdu, en même temps qu'elle lut avec effroi dans les yeux des vainqueurs ce que l'avenir réservait d'angoisses inexprimables !

Cependant il fallait se hâter de consacrer la victoire par un acte solennel et de mettre à profit un si beau triomphe. Vergniaud vint lire un projet de décret destiné à donner une forme législative aux volontés de l'insurrection. Le pouvoir royal était provisoirement suspendu ; une convention nationale convoquée ; on s'occuperait de nommer au dauphin un gouverneur ; la famille royale trouverait un asile au palais du Luxembourg. Toutes ces mesures furent adoptées, sous les yeux du roi, sans discussion. De la sorte, chose étrange, Vergniaud espérait conserver cette monarchie qui semblait ne plus le trouver hostile depuis que celui qui avait éveillé ses soupçons n'était plus à craindre ; mais, en réalité, c'en était fait de la monarchie, et la république existait avant d'avoir été proclamée.

Pendant que Vergniaud rédigeait des décrets et pro-
posait de vaines mesures, on massacrait aux Tuileries.
Un sentiment de vengeance et de rage animait les
vainqueurs. Le récit de ces crimes se répandait dans
l'assemblée et glaçait d'épouvante ces hommes qui
croyaient encore à la majestueuse insurrection d'un
peuple qui se lève spontanément un jour, pour dicter
ses lois et faire accepter ses volontés méconnues !
« Quels cannibales ! » s'écria Vergniaud au récit de
ces actes sanguinaires.

Sans doute les crimes de septembre achèveront de
lui ouvrir les yeux, et les cris des victimes dissiperont
enfin ses illusions les plus invétérées.

Ce fut en effet en septembre que l'anarchie dressa,
pour la première fois dans Paris, sa tête hideuse !

Ceux qui depuis le 10 août régnaient à l'Hôtel-de-
Ville résolurent d'affermir à tout prix entre leurs mains
le pouvoir qu'ils avaient usurpé. Ils préparèrent donc,
dans les plus minutieux détails, ces assassinats que
depuis on a sans pudeur tenté, mais en vain, de justifier. On arrêta ceux qu'on vouait à la mort, et les prisons furent remplies avec une scélérate prévoyance.
On enrôla des bourreaux, et leur salaire fut débattu.
Alors une troupe horrible, haletante, sans rencontrer
d'obstacle, sans éprouver de résistance, durant huit
jours, promena dans Paris ses abominables fureurs.
Aux Carmes, à l'Abbaye, à la Force, à Bicêtre, partout
on égorgea. C'étaient dans les rues de la capitale des
mares ou des ruisseaux de sang. A l'assemblée, on
était muet d'effroi : les uns s'enfuyaient éperdus, les
autres demeuraient silencieux sur leurs siéges ; Vergniaud lui-même se taisait, et les coupables espérè-

rent un instant l'amnistie de son silence et les encouragements de sa timidité.

Eh quoi ! des forcenés immoleraient des victimes au nom de la liberté ! des assassins à gage verseraient à flots le sang le plus pur, au nom de la patrie en danger ! chancelants comme dans une orgie, on les verrait marcher en trébuchant sur des cadavres, et Vergniaud ne se ferait pas un devoir de les flétrir ! Non, non ; héros des journées de septembre, n'attendez rien de la faiblesse ni de la complaisance de Vergniaud ! Vous le menacez, il méprise vos fureurs ; vous l'insultez, vos insultes expirent impuissantes à ses pieds ! vous redoutez de l'entendre, et même, pour assurer à vos forfaits l'impunité, un instant vous avez songé à étouffer sa voix comme on étouffe le remords ! Mais un plus long silence deviendrait une complicité, et Vergniaud, qui ne sait pas se taire comme un complice, saura parler comme un vengeur !

Au lendemain de cette nuit de massacres, il en dévoilera les infamies ; au milieu des honnêtes gens effrayés qui courbent la tête et ne parlent qu'à voix basse, il se lèvera, et regardant en face ceux qui se sont associés à ces crimes et qui siégeront bientôt dans cette enceinte, il s'écriera : « Les Parisiens aveuglés » osent se dire libres ! Ah ! ils ne sont plus esclaves, il » est vrai, des tyrans couronnés, mais ils le sont des » hommes les plus vils, des plus détestables scélérats. » Il est temps de briser ces chaînes honteuses, d'écra- » ser cette nouvelle tyrannie ! Il est temps que ceux » qui ont fait trembler les hommes de bien tremblent » à leur tour. Je n'ignore pas qu'ils ont des poignards » à leurs ordres ; mais, je vous atteste, ma voix ton-

» nera de tout ce qu'elle a de force contre les crimes
» et les tyrans ! Eh ! que m'importent des poignards et
» des sicaires ! qu'importe la vie aux représentants du
» peuple quand il s'agit de son salut [1] ! »

Ces paroles raniment un instant les courages abattus ; au son de cette voix aimée, l'assemblée se soulève, et le cri de vivre libres ou de mourir s'échappe de toutes les poitrines. Éloquente protestation qui retentit aussitôt dans la France entière ! Au nom de Vergniaud, les fronts humiliés se relèvent, l'espérance renaît, l'indignation s'éveille et les meurtriers de septembre se hâtent de rentrer honteusement dans l'ombre ! Ils en sortiront encore, car leur règne est proche, le règne de la Terreur !

Toutefois, que ceux qui n'ont pas craint d'ensanglanter Paris et qui se flattent d'asservir la France, sachent au moins que leurs détestables projets rencontreront toujours la plus généreuse des résistances !

Ouvriers infatigables qui se consacrent à la plus noble des causes, Vergniaud, ses amis, le courageux Lanjuinais, sans souci du triste sort qu'ils se préparent, sans défaillance et sans crainte, pendant neuf mois vont tardivement travailler à repousser l'anarchie.

Pour en reculer de quelques jours l'avénement, ils réuniront leurs efforts ! Sans espérance, mais par horreur, ils combattront sans cesse, flétriront la lâcheté des uns, relèveront l'abattement des autres, écraseront la calomnie qui se dresse sous leurs pas, jusqu'à

---

1. Lundi 17 septembre 1792. *Monit. univ.*

ce qu'enfin, accablés de lassitude, abreuvés d'outrages, ils deviennent les premières victimes de la démagogie et tombent entre les bras de la mort qu'ils béniront comme un ange libérateur!

La lutte qui se termina par un holocauste sanglant, offert à la dévorante ambition de Robespierre, Vergniaud en avait donné le signal, et son discours avait retenti comme le cri de guerre qui rallie des combattants épars. Mais ces hommes, si généreux qu'ils fussent, que pouvaient-ils contre le plus redoutable et le plus astucieux des ennemis? Vergniaud l'avait compris, son cœur était comme brisé, et durant quelques jours, à le voir immobile et muet, on eût pu le supposer impuissant à surmonter sa douleur.

L'apparition de Marat alluma de nouveau sa colère et lui rendit des forces : l'indignation l'avait emporté sur le dégoût. Vergniaud se plaignit amèrement de remplacer à la tribune un homme qui avait élevé sa tête au-dessus des lois, un homme tout dégouttant de calomnie, de fiel et de sang! et lut à l'assemblée une circulaire que les membres du comité de surveillance de la commune et l'*Ami du peuple* avaient adressée aux municipalités de la France ; dans le style le plus patriotique, on y exhortait les frères et amis à se faire justice, et on encourageait à massacrer sans faiblesse ces brigands qui conspiraient contre la liberté!

On s'indigna, et ce fut tout. Vergniaud n'obtint rien, Marat s'avoua effrontément l'auteur d'un écrit plus infâme encore ; il protesta « que le mensonge n'avait » jamais approché de ses lèvres, que la dissimulation » était étrangère à son cœur [1], » et on souffrit qu'il

1. Mardi 25 septembre 1792. *Monit. univ.*

continuât de donner au monde le spectacle du plus révoltant cynisme.

Législateurs qui furent investis des mêmes pouvoirs, députés qui furent honorés du même mandat, le croirait-on, Vergniaud et Marat ont paru à la même tribune ; les destinées de la France ont été remises entre leurs mains !

Celui-ci, sans talent, sans âme, sans pudeur, a reçu, d'un peuple qu'il aveuglait par de basses flatteries, le titre sacré d'ami ; on lui a tressé des couronnes, on lui a préparé des triomphes ; on a pleuré sa mort comme on pleure la mort d'un homme de bien ; on a brûlé sur sa tombe un encens idolâtre ; on a chanté des hymnes en son honneur comme en l'honneur d'un héros !

Et celui-là, éloquent, sincère, généreux, la populace l'a flétri du nom de traître ! dans son ardent amour pour la patrie, elle n'a vu que l'hypocrite protestation d'un ambitieux vulgaire ! cette liberté qu'il adorait, on l'a soupçonné de conspirer contre elle ! on l'a conduit au supplice comme un misérable, et le grand orateur de la Gironde a péri comme un assassin !

Vergniaud n'était encore monté à la tribune de la Convention que pour exhaler des plaintes amères et flétrir des crimes qu'il n'avait pas été en son pouvoir de prévenir ! Ses amis ne semblaient point agités des mêmes inquiétudes que lui ; ils étaient comme dans l'enivrement qui suit une victoire. Les journées de septembre les avaient irrités sans doute, mais ils ne laissaient pas que de rêver encore à des conquêtes, quand la prudence leur eût commandé avant tout de songer à la défense. Plus tourmentés que jamais du

besoin de se répandre en déclamations retentissantes,
ils se jetèrent dans une voie où Vergniaud, plus sage ou
plus insouciant, se garda bien de les suivre. Pendant
que les Girondins accusaient Robespierre d'aspirer à
la dictature et lui valaient ainsi une popularité après
laquelle jusqu'à ce jour ce sophiste haineux avait en
vain soupiré, Vergniaud s'enveloppa de silence. Ces
luttes étaient indignes de lui, et pendant longtemps
rien ne fut capable de lui rendre ses premières ardeurs. Arrivé à ce point de sa carrière, peut-être s'é-
tait-il arrêté comme pour interroger l'avenir. Alors, il
avait pressenti les maux effroyables qui s'apprêtaient
à déchirer la France ; une profonde tristesse s'était
emparée de lui ; sous le poids d'accablantes pensées,
son âme parut défaillir, et pendant trois mois on prêta
inutilement l'oreille, sa voix ne se faisait plus entendre.

Et pourtant, depuis deux mois, la Convention s'occupait du sort de Louis XVI.

Persuadés que la république ne s'affermirait en
France que lorsque le sang royal aurait coulé sur un
échafaud, ces Jacobins, qui avaient hâte non de juger
mais de tuer celui qu'ils avaient garrotté, s'irritaient
de ces lenteurs, et s'étonnaient que le tyran respirât
encore.

C'est à peine si quelques hommes, demeurés intré-
pides au milieu de l'affaissement général, avaient osé
mettre leur parole au service d'une cause qui fut
alors celle de l'humanité et de la justice : encore, pour
être écoutés, avait-il fallu qu'ils adoptassent un langage que désavouait leur conscience, et l'inviolabilité
royale n'avait trouvé qu'un défenseur !

On s'était demandé si Louis XVI serait jugé et qui le jugerait ; on avait discuté les formes de procédure auxquelles on aurait recours : sur toutes ces questions Vergniaud n'avait rien dit.

Peut-être hésitait-il à descendre dans l'arène, peut-être voulait-il éviter de compromettre l'intérêt d'un parti dont il avait été jusqu'alors le plus solide appui. Toutefois, on s'étonnait du silence que l'orateur de la Gironde s'obstinait à garder, et on se demandait avec curiosité quelle serait son attitude dans le procès du roi. Ce ne fut que le 31 décembre qu'il reparut à la tribune.

De tous les moyens qui furent tentés alors pour sauver le roi, et tout ensemble pour épargner à la France tant de calamités, nécessaire conséquence d'un tel crime, à coup sûr celui qui paraissait devoir présenter le plus de chance de succès était l'appel au peuple : Vergniaud en fut le plus éloquent défenseur. Il voulut sincèrement arracher Louis XVI à l'échafaud. Les prisonniers du Temple le crurent, et l'espoir rentra un instant dans leur âme flétrie ; les défenseurs du roi eux-mêmes saluèrent avec joie ce secours inespéré, et le vieux Maleshesbes sentit ses forces redoubler. Du reste, les illusions étaient permises.

Proposer l'appel au peuple n'était-ce pas s'incliner habilement devant ce principe de la souveraineté du peuple, que ne cessait de proclamer le parti démagogique ? N'était-ce pas soutenir la faiblesse des uns en leur offrant une naturelle occasion de voter avec indépendance ? déjouer la perfidie des autres et les vaincre par leurs propres armes ? confondre les projets d'une minorité factieuse ? donner enfin à l'opinion du pays un infaillible moyen de se produire librement dans les assemblées primaires, et décider qui l'emporterait de deux partis que le sang de septembre rendait désormais irréconciliables ? Vergniaud l'avait compris.

Assurément, ce n'était pas celui qui avait dit : « Qu'il croirait dégrader sa raison, en se faisant l'apolo- » giste du dogme absurde de l'inviolabilité, » qui pouvait avec quelque utilité invoquer cette prérogative royale dont on se débarrassait avec des sophismes ! et ce n'était pas celui qui s'était écrié : « O roi Lysandre, » vous n'êtes plus rien pour cette constitution que » vous avez si lâchement trahie ! » qui, pour arracher Louis XVI à la mort, pouvait affirmer son innocence ! Depuis un an, Vergniaud s'était mis dans l'impuissance de faire publiquement un acte de justice. Pour sauver le roi, il lui fallait suivre une voie détournée : il s'y engagea avec résolution.

Dans ce discours [1], l'un des plus beaux dont s'honore la tribune française, il ne se contenta point d'établir, par de très-fortes raisons, le principe sur lequel s'appuyait le recours dont il s'était fait le champion ; il ne se borna point à démontrer que l'appel au peuple était la légalité même ; il sut encore présenter, avec cet art que lui seul possédait, tout ce qui était de nature à exercer quelque influence sur des esprits que le bon droit touchait aussi peu que l'humanité.

Prévoyant que l'Angleterre et l'Espagne déclareraient la guerre après le supplice du roi, que la France aurait de la sorte à combattre une coalition de

1. Lundi 31 décembre 1792. *Monit. univ.*

l'Europe entière, que d'immenses efforts seraient
nécessaires pour défendre l'indépendance nationale,
Vergniaud disait : « Vous vaincrez vos ennemis, je le
» crois.—Mais si la paix devient difficile; si la guerre,
» par une prolongation funeste, conduit vos finances
» à un épuisement auquel on ne peut songer sans
» frémir; si elle vous force à de nouvelles émissions
» d'assignats; si elle augmente la misère publique
» par des atteintes nouvelles portées à votre com-
» merce; si elle fait couler des flots de sang sur le
» continent et sur les mers, quels grands services
» votre politique aura-t-elle rendus à l'humanité?
» Quelle reconnaissance vous devra la patrie pour
» avoir fait, en son nom et au mépris de sa souve-
» raineté méconnue, un acte de vengeance devenu la
» cause ou le prétexte d'événements si calamiteux?
» Je ne parle pas de défaite et de revers; j'éloigne de
» ma pensée tout présage sinistre.

» Mais dans le cours naturel des événements même
» le plus prospère, elle sera entraînée dans des efforts
» qui la consumeront; sa population s'affaiblira par
» la guerre; il n'y aura pas une seule famille qui n'ait
» à pleurer son père ou son fils; l'agriculture man-
» quera de bras; les ateliers seront abandonnés; vos
» trésors écoulés appelleront de nouveaux impôts; le
» corps social, fatigué des assauts que lui livreront
» au dehors des ennemis puissants, des secousses
» convulsives que lui imprimeront les factions in-
» térieures, tombera dans une langueur mortelle.

» Craignez qu'au milieu de ses triomphes, la France
» ne ressemble à ces monuments fameux, qui, dans
» l'Égypte, ont vaincu le temps : l'étranger qui passe

» s'étonne de leur grandeur; s'il veut y pénétrer,
» qu'y trouve-t-il? des cendres inanimées et le silence
» des tombeaux ! »

Évoquant enfin le double souvenir de l'usurpation
de Cromwell et de l'échafaud de Charles Ier, il ajou-
tait : « Qui me garantira que, dans une nouvelle
» tempête, où l'on verra sortir de leurs repaires
» les tueurs de septembre, on ne présentera pas,
» tout couvert de sang, ce chef qu'on dira néces-
» saire ? »

..... Puis, à ce moment, comme s'il entrevoyait
tout à coup les horreurs auxquelles serait livré Paris,
il s'écriait : « Qui pourrait habiter une cité où régne-
» raient la désolation et la mort?........ Et vous,
» ouvriers industrieux, quelles mains essuieraient
» vos larmes et porteraient des secours à vos familles
» désespérées?

» Iriez-vous trouver ces faux amis, ces perfides
» flatteurs qui vous auraient précipités dans l'abîme?

» Ah! fuyez-les plutôt, redoutez leur réponse; je
» vais vous l'apprendre. Vous leur demanderiez du
» pain, ils vous diraient :

» Allez dans les carrières disputer à la terre quel-
» ques lambeaux sanglants des victimes que nous
» avons égorgées : ou, voulez-vous du sang? prenez,
» en voici, du sang et des cadavres, nous n'avons
» pas d'autre nourriture à vous offrir .. Vous fré-
» missez, citoyens! ô ma patrie, je demande acte à
» mon tour des efforts que je fais pour te sauver de
» cette crise déplorable! »

Celui qui prédisait avec une si véridique éloquence
ce que l'avenir réservait de douleurs à la France

après la mort de Louis XVI, renonçait expressément
au droit de la voter ; l'homme qui pressentait la dictature au lendemain de cet assassinat juridique, s'in-
terdisait d'y prendre part, ou du moins il imposait à
l'histoire le devoir de lui demander sévèrement compte
un jour de ce vote du 16 janvier, que la veille ses
paroles avaient condamné. Ce fut en ce sens qu'on
interpréta ce discours fameux ; c'était un acte politique d'une immense portée, et tous les partis l'esti-
mèrent ainsi.

Les honnêtes gens admirèrent dans Vergniaud
l'alliance heureuse du génie oratoire et du courage, et
ne doutèrent pas que la fermeté de son caractère ne
restât à la hauteur de son talent. Leur estime a été
cruellement déçue. Quant aux autres, à partir de ce
moment, ils ne virent plus dans Vergniaud qu'un
apostat : ce fut vainement que ce faux frère revint
bientôt à des sentiments meilleurs ; on ne compta
pour rien ce sacrifice qu'il fit de son honneur à sa
popularité ; le régicide du 16 janvier demeura toujours l'appelant du 31 décembre, et un jour, qui n'est
plus éloigné, pour obtenir de ces lâches qu'ils lui
livrent la tête de Vergniaud, Robespierre n'aura qu'à
évoquer l'irritant souvenir de l'appel au peuple.

Les choses en étaient là lorsqu'un fait qui eut
quelque retentissement se produisit dans l'assemblée.

Le 3 janvier, on apprit qu'une note, signée de Vergniaud, de Guadet et de Gensonné, avait été montrée
au roi, par l'intermédiaire du peintre Boze. Le fait
n'était pas douteux ; il n'était pas contesté et, au moment où l'on commençait de faire à la Gironde une

guerre si vive, c'était pour ses ennemis une bonne fortune : la note qu'avait signée Vergniaud était de quinze ou vingt jours antérieure au 10 août; elle aurait tout au plus prouvé ce que tout le monde savait : qu'à ce moment il ne pensait encore ni à la république ni à l'insurrection, mais elle montrait en même temps que les conseils adressés par lui au roi étaient conformes au patriotisme révolutionnaire, également professé alors par les deux partis.

Toutefois, quelques-uns saisirent avidement cette occasion de crier à Vergniaud : « Vous êtes un traître ! »

Le jacobin Thuriot lui demanda s'il avait qualité pour se rendre médiateur entre le peuple et le roi, et s'il lui était permis de se détacher de la cause du premier pour embrasser celle du second ?

Avec vivacité et chaleur, Vergniaud répondit qu'il n'y avait pas eu de trahison à faire savoir la vérité au roi, et que les Girondins n'en avaient pas moins proposé et poursuivi la déchéance ; il terminait par ces amères paroles : « A quoi donc se réduit la question ?
» à savoir si nous serons honorés ou flétris pour avoir
» manifesté des sollicitudes sur des dangers dont le
» souvenir n'est pas encore effacé. Je sens bien que
» nous serions perdus si elle était décidée par ces
» hommes, dont, pour devenir les ennemis, il suffit de
» n'être ni lâche ni calomniateur; mais nous avons
» pour juges des amis de la patrie et de la vertu [1] ! »
L'assemblée passa à l'ordre du jour.

Mais, pour les uns, ce fut un nouveau grief qu'ils s'empressèrent de recueillir; et, pour les autres, ce fut

[1]. Jeudi 3 janvier 1793. *Monit. univ.*

une raison nouvelle d'espérer que celui qui, quelques
jours avant le 10 août, n'avait pas dédaigné de soutenir encore de ses conseils un souverain qui se perdait,
cinq mois plus tard n'étoufferait point dans son cœur
la voix de l'humanité.

Cependant, la Convention nationale avait décidé,
presque à l'unanimité, que Louis XVI s'était rendu
coupable de conspiration et d'attentats contre la
sûreté générale de l'État ; l'appel au peuple avait été
repoussé ; l'appel nominal sur la pénalité commença
le 16 janvier 1793, à dix heures du soir.

Ces hommes à figures sinistres, qu'on est accou-
tumé de voir apparaître dans les mauvais jours, entou-
raient l'assemblée, en occupaient toutes les issues,
et les juges qui délibéraient sur le sort d'un roi, à ce
moment solennel, étaient comme entourés d'assassins.
Durant les longues heures de cette nuit lugubre, il se
livra plus d'un combat au fond des consciences, et la
justice essuya plus d'une défaite ! Les spectateurs
étaient entassés aux tribunes ; la salle était sombre,
le silence imposant. Chaque député s'avançait à son
tour et, de temps en temps, on entendait tomber de la
tribune un mot funèbre. Il y eut, dit-on, des députés
qui se levèrent indignés de la lâcheté de leurs collègues, traversèrent la salle, décidés à ne pas prononcer
une sentence inique, et qui, arrivés en face de l'assemblée, ébranlés, troublés, comme fascinés par les
regards de vipères qui les enveloppaient, perdirent
subitement courage, et articulèrent les syllabes fa-
tales.

Vergniaud devait voter l'un des premiers. M. de
Malesherbes, qui assistait à la séance, s'en réjouis-

sait. Tout ne l'autorisait-il pas à penser qu'un des hommes les plus considérables de l'assemblée allait, par son exemple et par sa parole, exercer une salutaire influence sur les votes qui seraient prononcés ensuite? La déception ne se fit pas attendre! Vergniaud vota la mort ; le lendemain, il devait repousser le sursis ; et pourtant, quinze jours auparavant, n'avait-il pas dit : « Il fallait du courage, le
» 10 août, pour attaquer Louis dans sa toute-puis-
» sance. En faut-il tant pour envoyer au supplice
» Louis vaincu et désarmé? Un soldat cimbre entre
» dans la prison de Marius pour l'égorger. Effrayé à
» l'aspect de sa victime, il s'enfuit sans oser le
» frapper. Si ce soldat eût été membre d'un sénat,
» doutez-vous qu'il eût hésité à voter la mort d'un
» tyran? Quel courage trouvez-vous à faire un acte
» dont un lâche serait capable [1] ? »

Ce ne fut que le lendemain dans la matinée, qu'on connut le sort du roi. Vergniaud occupait le fauteuil : c'était à lui qu'était réservé le triste honneur de prononcer la sentence. Le 10 août, il avait reçu Louis XVI dans l'assemblée, il prononçait sa condamnation le 17 janvier.

« Citoyens, dit-il, je vais prononcer le résultat du
» scrutin. Vous allez exercer un grand acte de justice ;
» j'espère que l'humanité vous engagera à garder le
» plus profond silence. Quand la justice a parlé, l'hu-
» manité doit avoir son tour. »

Vergniaud était pâle ; sa voix tremblait, l'assemblée se taisait ; il reprit : « Je déclare, au nom de la

1. Discours sur l'appel au peuple, 31 décembre 1792.

» Convention nationale, que la peine qu'elle prononce
» contre Louis Capet est celle de mort ! »

Comme brisé par ce dernier effort, il tomba dans
la prostration. Les fatigues, les émotions, les défaillances de cette nuit terrible avaient épuisé ses forces.
Sans doute, au moment où la sanguinaire sentence
s'était échappée de ses lèvres, ce juge, qui sera condamné dans quelques mois à son tour, avait entendu
gronder à ses oreilles les menaces de l'avenir. Dès
lors, les pensées les plus sombres obsédèrent son
esprit. Ces calamités, qu'un instant il lui avait été
donné d'entrevoir, ces dangers qu'un instant il lui avait
été permis de signaler aux autres, ne serait-il pas impuissant à les conjurer? Cette tyrannie révolutionnaire,
qui se dressait contre la liberté, que tenter pour en
retarder le monstrueux avénement? Vergniaud déses-
pérait. Sans doute, depuis que Louis XVI avait subi le
martyre, les vainqueurs n'avaient plus rien, ce semble, à redouter? Qui menaçait d'étouffer la liberté?
Pourquoi tarder encore à inaugurer son paisible avénement?

D'un passé détesté, il ne restait que l'importun
souvenir ; un édifice nouveau s'élevait sur une terre
nouvelle ; le tyran n'était plus ; qui pouvait s'opposer
au bonheur de la France?

Cependant ses douleurs commençaient à peine de
naître ! L'anarchie et le despotisme s'unissaient dans
l'ombre pour lui forger des fers ; des hypocrites se
préparaient perfidement à la faire gémir sous la plus
dure des servitudes, comme pour la contraindre à
tomber tout en larmes aux genoux de ce jeune vain-
queur, dont les premiers exploits furent contemporains

des maux qu'un jour il s'arrogea le droit de guérir !

Depuis la mort du roi, un désordre effroyable régnait dans Paris. Ceux qui avaient été jetés arbitrairement dans les prisons y tremblaient au souvenir de septembre ; les Girondins eux-mêmes étaient menacés ; on aiguisait contre eux ces poignards que Marat avait proclamés l'arme des haines politiques.

A ce moment, le lieutenant et l'ami de Danton, Westermann, vint offrir à Vergniaud ses services. Il ne craignait pas de lui proposer, contre ses ennemis, l'emploi des ignobles moyens dont il disposait. En entendant ces infamies, Vergniaud releva fièrement la tête ; cette profonde expression de mépris dont seul il possédait le secret, était empreinte sur son visage. « J'aime mieux être assassiné qu'assassin, » dit-il ! et il fixa quelque temps son regard sur cet homme qui dirigeait l'émeute à son gré et disposait d'une bande de sicaires. A une époque, que, pour l'honneur de la France, il conviendrait d'effacer de notre histoire, où les plus exaltés de la Montagne terminaient invariablement leurs discours par des cris de mort, et répondaient à leurs adversaires en demandant leurs têtes, on le comprend sans peine, la tribune, théâtre de ses premiers triomphes, ne pouvait plus inspirer à Vergniaud que du dégoût ! .

Les adversaires qui travaillaient à le perdre, il les méprisait au point qu'il eût cru profaner son éloquence en l'employant contre eux ; les odieuses calomnies que chaque jour on semait sur son chemin, il les repoussait du pied.

Le procès du roi avait un instant dissipé la sombre langueur qui, depuis les massacres de septembre, pesait sur son âme en l'agitant. Maintenant, attristé du passé, effrayé de l'avenir, convaincu surtout de l'inutilité de ses efforts, peut-être même secrètement importuné par le remords, Vergniaud s'était replongé dans le silence, d'où seule l'indignation était dès lors capable de le faire sortir.

Cette guerre que Vergniaud, tout-puissant, avait préparée pour susciter à la monarchie d'inextricables embarras, continuait de sévir et menaçait même de devenir terrible. Nos victoires et le génie de Dumouriez avaient, il est vrai, étonné l'Europe, et les illusions des émigrés s'étaient évanouies aux noms glorieux de Jemmapes et de Valmy. Mais le 21 janvier ralluma les colères. C'était un défi que relevaient les rois outragés; le sang royal criait vengeance; des assaillants nouveaux se levaient de toutes parts; ceux qui n'avaient encore que mollement soutenu la lutte retournaient plus acharnés au combat; la coalition était subitement devenue redoutable.

On s'attendait à des victoires, on essuya des revers.

Au sein de la Convention chaque jour retentissaient de désastreuses nouvelles qui brisaient des espérances légèrement formées. Ceux qui avaient conçu le chimérique projet de conquérir le monde en venaient enfin à soupçonner que des déclamations, si sonores qu'elles fussent, étaient impuissantes à renverser ces trônes qu'ils avaient juré de détruire.

Quant à ces hommes pervers dont le patriotisme ne fut que mensonge, dont l'ardent amour pour la patrie ne fut qu'hypocrisie, ils se consolaient sans peine; et en soulevant le voile de tristesse dont ils masquaient leurs visages, il eût été facile de découvrir dans leurs regards comme l'expression du contentement que leur causaient des malheurs qui arrivaient à propos pour servir leurs ambitieux projets. Chaque défaite devint le prétexte d'une mesure violente ; chaque désastre, une occasion de préparer la dictature ; chaque jour, on fit un pas de plus dans une voie où la méchanceté des uns entraînait l'aveuglement et la faiblesse épouvantée des autres. Ainsi se préparait la véritable tyrannie, et encore qu'il n'y eût aucun rapport entre les progrès de l'ennemi et les attentats commis à l'intérieur, on eut l'effronterie de proclamer les seconds une conséquence des premiers.

Le stratagème n'était pas nouveau. Pour épargner à la France les hontes d'une invasion qui, quelque temps, parut imminente, on inventa les visites domiciliaires. Pour repousser l'ennemi qui menaçait les frontières, on arrêta les suspects ; enfin, comme remède à tant de maux, on parla d'établir ce tribunal fameux auquel rien ne devait manquer, si ce n'est la justice !

Le premier projet qui fut présenté par les Jacobins était effrayant : c'était laisser un droit de vie et de mort au plus entier arbitraire. La Montagne soutint la proposition par ses cris ; la Plaine était consternée ; la Gironde en proie au découragement.

Vergniaud, qui depuis deux mois ne s'était point fait entendre, éleva la voix : « On vous propose, dit-il, » l'établissement d'une inquisition mille fois plus redoutable que celle de Venise. Nous mourrons tous, » plutôt que d'y consentir ! »

On s'apprêta donc à les faire mourir ; et, avant d'employer la guillotine, on eut recours aux poignards.

Pendant la nuit du 9 au 10 mars, des hommes armés délibéraient bruyamment sous les voûtes de la vieille église où siégeaient les Jacobins ; l'un d'eux, qui avait fait égorger les prisonniers d'Orléans en septembre, Fournier l'Américain, monte à la tribune : « Les législateurs sont incertains, dit-il, ils paraissent » faibles ; je suis ami de l'homme et des lois, mais, » s'ils ne marchent pas, il faut les faire marcher ! »

Des applaudissements accueillirent ces paroles. Il fut convenu qu'on irait sur-le-champ venger le peuple, en punissant de mort ses mandataires infidèles, et les meurtriers se mirent en route en brandissant leurs armes et en vociférant. Prévenus à temps, les Girondins s'étaient dérobés aux coups qui les menaçaient et la conspiration échoua.

Trois jours après, Vergniaud se lève et demande la parole.

« C'est pour nous faire perdre le temps ! » lui crie Marat.

Vergniaud insiste, et se tournant du côté de l'interrupteur : « Lorsque la conspiration des poudres eut » été découverte à Londres, dit-il, il ne put convenir » qu'aux auteurs mêmes de la conspiration de préten» dre que c'était perdre le temps que de l'employer à » en développer la trame !

» Sans cesse abreuvé de calomnies, je me suis abs» tenu de la tribune, tant que j'ai pensé que ma pré» sence pourrait exciter les passions ; mais aujour» d'hui que la Convention nationale entière se trouve » sur le bord d'un abîme, où la plus légère impulsion » peut la précipiter à jamais avec la liberté, je ne » puis garder un silence qui deviendrait une véritable

» trahison. Je vais dire ce que je sais, ce que je crois
» vrai ; je le dirai sans crainte du peuple, car le peuple
» aime la vérité ; sans crainte des assassins, car les as-
» sassins sont lâches et je sais défendre ma vie contre
» eux ! »

Alors Vergniaud, dans un admirable langage, re-
traça tous les maux qui depuis si longtemps déjà
désolaient la patrie ; il montra ce peuple divisé en
deux classes : « dont l'une délirante par l'accès de
» l'exaltation auquel on l'a portée ; l'autre, frappée
» de stupeur, traîne une pénible existence dans les
» angoisses d'une terreur qui ne connaît plus de
» terme. »

Puis, dénonçant le complot qui avait échoué la
veille, il entra dans tous les détails de cette trame
odieuse ; il en produisit toutes les preuves ; il nomma
les conspirateurs et, après avoir montré à ses concitoyens la profondeur de l'abîme qu'on avait creusé
sous leurs pas, il termina son discours par ces mémo-
rables paroles : « Peuple infortuné, seras-tu longtemps
» la dupe des hypocrites qui aiment mieux obtenir tes
» applaudissements que de les mériter ?

» Méconnaîtras-tu toujours le courage d'un citoyen
» qui, dans un État libre, ne pouvant tenir sa gloire
» que de toi, ose cependant te contrarier, lorsque tu
» t'égares, et brave jusqu'à ta colère pour assurer ton
» bonheur ?

» Les royalistes ont cherché à t'opprimer avec le
» mot de constitution, les anarchistes te trompent par
» l'abus qu'ils font du mot souveraineté. Aujourd'hui,
» les contre-révolutionnaires te trompent sous les
» noms d'égalité et de liberté.

» Un tyran de l'antiquité avait un lit de fer, où il
» faisait étendre ses victimes, mutilant celles qui
» étaient plus grandes que le lit, disloquant doulou-
» reusement celles qui l'étaient moins, pour leur faire
» atteindre la mesure. Ce tyran aimait l'égalité, et
» voilà celle des scélérats qui te déchirent par leurs
» fureurs !

» On te la présente sous l'aspect de deux tigres qui
» se déchirent; vois-la sous l'emblème de deux frères
» qui s'embrassent. Celle qu'on veut te faire adopter,
» fille de la haine et de l'envie, est toujours armée de
» poignards; la vraie égalité, fille de la nature, au lieu
» de diviser les hommes, les unit par les liens d'une
» fraternité universelle. C'est celle qui peut faire ton
» bonheur et celui du monde. Ta liberté ! des monstres
» l'étouffent et offrent la licence à ton culte égaré.

» La licence, comme tous les faux dieux, a ses
» druides qui veulent la nourrir de victimes hu-
» maines. Puissent ces prêtres cruels subir le sort de
» leurs prédécesseurs ! Puisse l'infamie sceller à jamais
» la pierre déshonorée qui couvrira leurs cendres !

» Citoyens, profitons des leçons de l'expérience;
» nous pouvons bouleverser les empires par des vic-
» toires, mais nous ne ferons des révolutions chez les
» peuples que par le spectacle de notre bonheur. Si
» nos principes se propagent avec tant de lenteur chez
» les nations étrangères, c'est que leur éclat est obs-
» curci par des sophismes anarchiques, par des mou-
» vements tumultueux, et surtout par un crêpe ensan-
» glanté !

» Lorsque les peuples se prosternèrent pour la pre-
» mière fois devant le soleil, en l'appelant le père de

» la nature, pensez-vous qu'il fût voilé par les nuages
» destructeurs qui portent les tempêtes? Non, sans
» doute : brillant de gloire, il s'avançait alors dans
» l'immensité de l'espace et répandait sur l'univers
» la fécondité et la lumière.

» Eh bien ! dissipons par notre fermeté ces nuages
» qui voilent notre horizon politique. Foudroyons
» l'anarchie, non moins ennemie de la liberté que le
» despotisme. Fondons la liberté sur les lois et sur une
» sage constitution; bientôt vous verrez les trônes
» s'écrouler, et les peuples, étendant leurs bras vers
» vous, proclamer par des cris de joie la fraternité
» universelle [1] ! »

Tel fut le discours que Marat traita de vain batelage.

Mais l'homme qui en conçut peut-être le ressentiment le plus profond, ce fut Robespierre.

Hypocrite, perfide, aimant et servant le mensonge
comme d'autres la vérité ; composé étrange de lâcheté,
de fiel et d'orgueil, il était tourmenté de la soif de dominer, et sa face livide ne respirait que l'envie.

Rhéteur infime, l'attention qu'une voix triviale, des
expressions mauvaises, un ennuyeux et emphatique
débit eussent vainement tenté d'obtenir, il résolut de
la fixer sur sa prétentieuse personne par la singularité
de ses vues et le paradoxe de ses opinions; systéma-
tiquement, il devint le contradicteur des opinions les
plus sensées. Comme un personnage de théâtre, il
joua effrontément l'homme de bien; il en prit le langage, il en adopta les manières; à tout propos, il
parla de ses devoirs, de son caractère incorruptible,
surtout de son austérité !

1. Mercredi 13 mars 1793. *Monit. univ.*

Froidement cruel, il devait immoler sans pitié ceux que la peur ou la vanité désignerait à ses coups.

Depuis longtemps, cet homme nourrissait contre les Girondins la plus vigoureuse des haines. Leurs talents irritaient sa médiocrité; leurs manières aristocratiques, leurs airs dédaigneux, leurs prétentions d'hommes d'État achevaient de les lui rendre insupportables; il avait juré de les perdre, et il y travaillait avec la persistance qu'il savait mettre à faire le mal. Surtout il détestait Vergniaud, et le jour où le jeune député de Bordeaux était tout à coup devenu célèbre, Robespierre n'entendit qu'avec dépit retentir des applaudissements après lesquels, dans l'Assemblée constituante, il avait soupiré vainement, et se promit d'étouffer une voix qui annulerait la sienne.

D'ailleurs ce Vergniaud, dont l'éloquence avait foudroyé la monarchie, n'était plus aujourd'hui l'utile auxiliaire dont on appréciait naguère les services; et même, depuis le 10 août, devenu le plus incommode des obstacles, on s'irritait de le rencontrer sans cesse sur son passage. Enfin n'était-il pas le seul homme capable de rallier encore les honnêtes gens, de se mettre à leur tête et de combattre pour eux? C'en était plus qu'il ne fallait pour rallumer la haine de Robespierre. Il résolut donc de précipiter, avec la perte du prince de la Gironde, la ruine de tout son parti.

Le 10 avril, il monte à la tribune, réclame quelque indulgence pour le ministère pénible qu'il remplit, et demande que ces hommes qui exercent une prépondérance funeste, Vergniaud, Guadet, Gensonné, soient envoyés devant le tribunal révolutionnaire.

Dans un long discours, Robespierre commentait hostilement l'histoire de ceux qu'il appelait des intrigants ambitieux. S'ils avaient défendu les droits du peuple, c'est qu'ils avaient besoin de lui! Ne le regardaient-ils pas comme un stupide troupeau destiné à être conduit par le plus habile ou par le plus fort?

Il reprochait notamment à Vergniaud ses transactions avec la cour, et l'accusait d'avoir nourri le secret désir de conserver la monarchie : au 10 août n'avait-il pas fait décréter la suspension du roi, alors qu'il eût été si facile d'en faire prononcer la déchéance? Le premier n'avait-il pas parlé de nommer un gouverneur au dauphin, et n'était-il pas facile de prévoir dès lors à qui ce poste d'honneur se trouvait réservé? Défenseur de l'appel au peuple, il avait tenté de sauver Louis XVI, que depuis la crainte de perdre une popularité précieuse l'avait conduit à condamner lâchement! Aussi bien, proposer l'appel au peuple, n'était-ce pas préparer traîtreusement la guerre civile, tendre la main aux puissances étrangères, leur ouvrir les portes de la France et travailler au rétablissement de cette royauté qui ne l'avait pas trouvé toujours hostile?

Vergniaud n'était que le complice de Dumouriez, un agent soudoyé de la coalition, l'homme enfin dont Pitt, l'âme de cette ligue de tyrans, se servait pour faire triompher ses projets.

L'assemblée se lassa bientôt d'entendre Robespierre. L'accusation restait vague, elle n'était relevée par aucun mouvement d'éloquence. L'orateur s'aperçut qu'il n'était écouté qu'avec défaveur, et jugeant qu'il avait produit peu d'effet, il termina par ces paroles

amères : « Je n'ose dire que vous devez frapper des
» patriotes aussi distingués que MM. Vergniaud,
» Guadet et autres. Je suis convaincu de l'impuissance
» de mes efforts, et je m'en rapporte à la sagesse de la
» Convention [1]. »

Vergniaud voulut répondre : il fut accueilli par les
murmures de la Montagne et des tribunes, mais sa
voix savait dominer le tumulte.

« J'oserai répondre à M. Robespierre, dit-il, qui par
» un roman perfide, artificieusement écrit dans le
» silence du cabinet, vient provoquer de nouvelles
» discordes dans le sein de la Convention. Je lui répon-
» drai sans méditation ; je n'ai pas comme lui besoin
» d'art ; il suffit de mon âme. »

Le discours de Vergniaud fut étincelant ; il répondit à
tous les reproches ; il écrasa toutes les calomnies ; se
justifia sans peine de toutes les accusations, et deve-
nant agressif à son tour : « Robespierre nous accuse,
» dit-il, d'être devenus tout à coup des modérés et des
» feuillants ! »

» Nous modérés ! je ne l'étais pas le 10 août,
» Robespierre, quand tu étais caché dans ta cave. Des
» modérés ! non, je ne le suis pas, dans ce sens que
» je veuille éteindre l'énergie nationale. Je sais que
» la liberté est toujours active comme la flamme,
» qu'elle est inconciliable avec ce calme parfait qui
» ne convient qu'à des esclaves. Si on n'eût voulu que
» nourrir ce feu sacré qui brûle dans mon cœur aussi
» ardemment que dans celui des hommes qui parlent
» sans cesse de l'impétuosité de leur caractère, de

____

1. Mercredi 10 avril 1793. *Moniteur universel.*

» si grands dissentiments n'auraient pas éclaté dans
» cette assemblée. Je sais aussi que dans des temps
» révolutionnaires, il y aurait autant de folie à préten-
» dre calmer à volonté l'effervescence du peuple qu'à
» commander aux flots de la mer d'être tranquilles
» quand ils sont battus par les vents! mais c'est au
» législateur à prévenir autant qu'il peut les désastres
» de la tempête par de sages conseils, et si, sous pré-
» texte de révolution, il faut pour être patriote se
» déclarer le protecteur du meurtre et du brigandage,
» je suis modéré[1]! »

Mais dans ces temps de violence, les modérés deve-
naient suspects, et le moment approchait où, dans la
Convention asservie, bientôt il n'y aurait qu'une foule
de trembleurs et quelques despotes. Robespierre avait
échoué sans doute, mais il n'était pas de ces hommes
qu'un échec décourage; la blessure qu'avait reçue son
amour-propre avait augmenté sa fureur, et dès lors,
pour arriver au but, il eut recours à des moyens plus
sûrs et prépara dans l'ombre l'insurrection qui devait
terminer la lutte à son profit.

Dès cette époque, les dures épreuves de la proscription semblèrent commencer pour eux : ils étaient
menacés plus que jamais : leurs têtes étaient mises à
prix; chaque nuit, ils se voyaient contraints à changer
de demeure pour dérouter les assassins. Dans ces
douloureuses circonstances, Vergniaud était accablé.
Un sombre désespoir s'était emparé de lui; il tourna
ses regards attristés vers cette chère ville de Bordeaux
qu'il ne devait plus revoir; et, s'adressant à cette

---

[1] Mercredi 10 avril 1703. *Moniteur universel.*

société des Amis de la Liberté dont il était un des fon-
dateurs, dans les premiers jours de ce mois qui devait
se terminer par le plus honteux des attentats, il lui
écrivit cette lettre où se réfléchit si pleinement
l'état de son âme :

« Paris, 4 mai 1793, sous le couteau.

» Frères et amis, vous avez été instruits de l'horri-
» ble persécution exercée contre nous, et vous nous
» avez abandonnés ! Vous ne nous avez soutenus au-
» près de l'Assemblée nationale par aucune démarche;
» vous n'avez même cherché à soutenir notre courage
» individuel par aucun témoignage de bienveillance.
» Cependant la fureur de nos ennemis s'accroît : la
» proscription et l'assassinat circulent contre nous, et
» l'on s'apprête pour aller à la barre nationale deman-
» der nos têtes ! Quel est donc notre crime, citoyens ?
» C'est d'avoir fait entendre la voix de l'humanité au
» milieu des horreurs qui nous ont si souvent envi-
» ronnés ; c'est d'avoir voulu conserver vos propriétés
» et vous garantir de la tyrannie de Marat, ou des
» hommes dont il n'est que le mannequin. Faites que
» nos concitoyens nous retirent des pouvoirs dont il
» nous est impossible de faire usage, sans des signes
» éclatants de leur confiance. Nous ne craignons pas
» la mort; mais il est cruel, alors qu'on se sacrifie, de
» ne pas emporter au tombeau la certitude qu'on laisse
» au moins quelques regrets à ceux pour lesquels on
» s'immole ! »

Le lendemain, Vergniaud reçut ces témoignages de

confiante sympathie qui lui étaient si chers, et se sentit comme rasséréné.

« Je vous écrivis hier, disait-il en reprenant la
» plume, le cœur flétri, non par les dangers que je
» brave, mais par votre silence. Quelques heures
» après le départ de ma lettre, j'ai reçu la vôtre ; des
» larmes de joie ont coulé de mes yeux ; j'attends mes
» ennemis et je suis sûr encore de les faire pâlir. On
» dit que c'est aujourd'hui ou demain qu'ils doivent
» venir demander de s'abreuver du sang de la repré-
» sentation nationale. Je doute qu'ils l'osent, quoique
» la terreur ait livré des sections à une poignée de
» scélérats !

» Tenez-vous prêts : si l'on m'y force, je vous ap-
» pelle de la tribune pour venir nous défendre s'il en
» est temps, et venger la liberté en exterminant les ty-
» rans; si nous ne sommes plus, Bordeaux peut sauver
» la république. Hé quoi ! n'aurons-nous travaillé de-
» puis quatre ans, tant fait de sacrifices, supporté
» tant d'iniquités; la France n'aura-t-elle versé tant
» de sang, que pour devenir la proie de quelques
» brigands, pour courber le front vers la plus tor-
» tueuse tyrannie qui ait jamais opprimé aucun
» peuple ! »

Dans quelques mois, à la nouvelle du triste combat
de Vernon, les Girondins proscrits connaîtront toute
l'impuissance de leurs efforts à soulever contre Paris
les départements, et ces dernières illusions s'évanoui-
ront comme les autres !

Les Girondins, et Vergniaud à leur tête, continuaient
de résister ; toujours debout, ils irritaient leurs adversaires par la dignité de leur langage et les conte-

naient par la fermeté de leur attitude ; mais la Montagne remportait chaque jour de fructueuses victoires.

Hébert, ce digne émule de Marat, dont les écrits infâmes rivalisaient de cynisme avec ceux de l'*Ami du peuple*, arrêté par la commission des douze, mis en liberté par la commune de Paris, se montrait plus ardent que jamais au combat.

La commission des douze elle-même, cette dernière conquête de la Gironde, était devenue un prétexte d'émeute : violemment emportée dans une des plus orageuses séances de la Convention, rétablie le lendemain par le courageux Lanjuinais, elle disparut le 31 mai, et cette fois pour toujours.

L'insurrection avait été décidée ; les agitateurs de cette populace qu'on persistait effrontément à appeler le peuple de Paris, fixèrent le jour de l'attentat, et Marat dressa la liste des proscrits.

On dit qu'avant de donner le signal impatiemment attendu, Danton hésita quelques instants.

Cet homme qui, ministre de la justice en septembre, avait conçu le premier la pensée des massacres et dont l'audace inspirait l'épouvante, avait parfois des mouvements de sensibilité dont le cœur haineux de Robespierre était incapable.

Au moment où il se disposait à précipiter ces hommes, jeunes, brillants, éloquents, dans l'abîme au fond duquel il ne devait pas tarder à rouler lui-même, il s'attendrit et son âme mobile conçut la pensée de sauver la Gironde.

Son orgueil s'abaissa même jusqu'à tendre la main à Vergniaud : « Ne nous faisons pas la guerre, lui dit-il.

» — J'aime mieux une guerre ouverte qu'une fausse
» paix, répondit le Girondin. — Vous n'êtes qu'un
» sot, et vous périrez, » repartit Danton.

En effet les députés de la Gironde n'avaient plus
qu'à périr.

Le 2 juin 1793 se leva sur Paris consterné. La Convention était réunie : son aspect était effrayant. Accou-
rus comme à une fête, les députés de la gauche occupaient tumultueusement leurs places, et parlaient à
haute voix de leur prochaine victoire.

Sans espoir, mais sans crainte, les Girondins mornes,
silencieux, se tenaient encore sur ces bancs qu'ils occupaient pour la dernière fois !

Inquiets, agités, les députés du centre comme toujours flottaient indécis : la peur, en les jetant du côté
de la Montagne, allait bientôt décider qui l'emporterait de la force ou du droit.

Plus menaçantes que de coutume, les tribunes
étaient surchargées d'une foule bruyante, tandis
qu'une populace excitée encombrait les abords de la
salle et en fermait toutes les issues.

Au dehors, la Convention, comme une ville assiégée,
était investie par les bandes armées que commandait
Henriot.

Le désordre régnait dans l'assemblée : en vain quelques députés cherchaient à se faire entendre au milieu
des clameurs. L'un d'eux s'élance à la tribune :
« Prouvons que nous sommes libres, dit-il, je de-
» mande que la Convention aille délibérer au milieu
» de la force armée qui sans doute la protégera [1] ! »

---

1. Paroles de Barrère. — Séance du dimanche 2 juin 1793. *Monit. univ.*

Les Montagnards demeurent immobiles, les Girondins hésitent, puis se décident à rester à leurs places : tous les autres se précipitent au dehors et cherchent à se frayer un passage.

Spectacle honteux! les représentants de la France, Hérault de Séchelles à leur tête, errant au hasard, tentaient inutilement de sortir du cercle de fer où ils étaient enfermés, et réclamaient sans l'obtenir des marques d'un respect qu'ils n'inspiraient plus.

La Convention était captive. Il fallait périr ou sauver sa vie par une lâcheté : ces hommes préférèrent de vivre.

Repoussés partout, partout accueillis par des insultes, poursuivis par des huées furieuses, interpellés par Marat qui, suivi de patriotes déguenillés, les sommait au nom du peuple de reprendre leurs fonctions, les membres de la Convention nationale rentrèrent honteusement dans la salle de leurs délibérations, et au milieu des applaudissements de la Montagne qui célébrait son triomphe et des acclamations des tribunes qui s'associaient à la joie des vainqueurs, le décret d'accusation fut voté. Les Girondins étaient proscrits.

Alors retentit dans l'assemblée une voix bien connue. Elle s'élevait de ces bancs où siégeaient les députés de la Gironde. C'était la voix de Vergniaud.

Depuis de longues heures, spectateur impassible de cette lamentable scène, il assistait avec mépris mais sans colère aux lâchetés de ces représentants de la nation qui, pour détourner le coup qui les menaçait eux-mêmes, formaient avec les puissants du jour une alliance qui leur sauvait la vie en sacrifiant la sienne.

Il rompit enfin ce silence et s'adressant au paralytique Couthon, à ce futur bourreau de la population lyonnaise, qui osait bien parler de ce peuple tant calomnié que la Convention avait trouvé partout respectueux et soumis, Vergniaud laissa dédaigneusement tomber de ses lèvres ces paroles lentement prononcées : « Couthon a soif, qu'on lui donne du sang! »

C'était du sang en effet que réclamaient les vainqueurs!

C'était du sang que chaque jour demandait cet empirique en délire, qui écrivait que la France ne serait sauvée, la République affermie, que lorsqu'un dictateur, aveuglément obéi, aurait fait tomber 200,000 têtes!

C'était du sang que demandaient ces hommes qui s'étaient rendus fameux par leurs encouragements aux tueries de septembre, un Collot-d'Herbois, un Billaud-Varennes, et ceux plus tristement célèbres encore, qui allaient s'étudier à faire périr avec art, et, appelant à leur aide les flammes et les flots, le fer et la mitraille, couvrir la France de ruines, un Fouché, un Lebon, un Maignet!

C'était du sang enfin qu'il fallait à Robespierre pour asseoir sa dictature ; non celui que des bourreaux improvisés répandent aux guichets des prisons, mais celui qui coule avec une apparence de justice sur des échafauds publiquement dressés! Le régime de l'extermination légale commençait à Paris pour s'étendre au pays tout entier; et que de victimes devaient succomber!

Marie-Antoinette, princesse charmante et pure. Madame Élisabeth, la plus pieuse des femmes. La romanesque madame Roland. Barnave, qui s'écriait en

mourant : « C'est donc la récompense que je reçois
» pour avoir tant aimé la liberté! »

Et puis de grands coupables qui trouvaient le châtiment mérité de leurs crimes : Philippe d'Orléans,
prince tombé si bas, qui cherchait, mais en vain, à
faire oublier la grandeur de son nom et la noble ori-
gine de sa race! Plus tard, l'audacieux Danton lui-
même, dont la modération, à cette époque de renver-
sement des idées et des choses, était devenue une
trahison! Camille Desmoulins, pamphlétaire étourdi.
dont la verve cynique envoyait à la guillotine les
hommes d'État et les Brissotins [1].

Innocents et coupables, illustres et obscurs, grands
et petits, princes et bourgeois, magistrats et orateurs,
constituants, conventionnels, avocats, tous étaient
destinés à la même mort!

Cependant, des Girondins proscrits, les uns s'étaient
enfuis dans les départements, se flattant de revenir
bientôt venger la représentation nationale outragée.
Les autres, dégoûtés de tout et fatigués de leur impuissance, s'obstinaient à rester à Paris ; Vergniaud
était du nombre de ces derniers.

En vain ceux qui le pressaient de fuir lui représen-
taient les périls auxquels il s'exposait :

« Hélas ! qu'importe ma vie, répondait Vergniaud.
» mon sang serait peut-être plus éloquent que mes
» paroles pour réveiller et sauver la patrie ; qu'ils le
» versent s'il doit retomber sur les ennemis de la
» France! »

Le 2 juin, quelqu'un offrit à Vergniaud un asile sûr:

[1]. *Histoire des Brissotins*, par Camille Desmoulins.

il refusa d'abord ; on insista, il se rendit, mais, le lendemain, il voulut absolument rentrer dans le logement qu'il partageait avec Ducos et Fonfrède : « S'ils
» sont sacrifiés, disait-il, ma tête manquant au sacri-
» fice ne pourrait plus être portée haute ; mourant
» pour la liberté, la couronne de martyr ornera di-
» gnement mon front. Adieu, citoyen ; je vous remer-
» cie de votre hospitalité, et surtout de l'estime à
» laquelle je devais votre secours. Fonfrède et Du-
» cos ne sont pas encore décrétés d'accusation ; le
» venin de Marat s'est adouci pour eux ; mais l'indul-
» gence d'un tel monstre flétrit plus que sa fureur. Je
» cours les aider à laver leur robe d'innocence d'une
» si honteuse protection ! »

Vergniaud rentra tranquillement chez lui. Il demeurait alors rue de Clichy ; à sa porte, il trouve un gendarme : « Ah ! dit-il en riant, c'est le prisonnier qui
» vient trouver son gardien ; cela doit vous rassurer
» sur mes projets d'évasion ! »

Quelques jours après, Marat ne l'accusa pas moins de s'être soustrait aux poursuites de la justice. Fonfrède, qui n'était point encore proscrit, démentit cette assertion dans l'assemblée : « On vous dit que Ver-
» gniaud a pris la fuite, dit-il, ce fait est faux ! Ver-
» gniaud est chez lui, et il attend qu'on l'empri-
» sonne ! »

Près d'un mois, Vergniaud demeura libre dans Paris et ne quitta pas son domicile.

Ce ne fut que dans les premiers jours de juillet qu'il fut arrêté et conduit à la Force. Il y languit près de quatre mois. Pendant sa détention, il reçut la visite d'un des fils de sa sœur. Depuis quelque temps, le

jeune Alluaud, son neveu, habitait Paris : il était élevé
dans l'institution républicaine que dirigeait le sanguinaire Léonard Bourdon. Il sollicita la faveur d'embrasser son oncle et l'obtint. Écolier de treize ans, il
n'était guère suspect ; d'ailleurs ne portait-il pas le
bonnet rouge et la ceinture tricolore? Devant ce dégui-
sement patriotique s'ouvrirent les portes de la Force.
« Hé bien ! mon neveu, lui dit Vergniaud, demande-t-on
» toujours ma tête? » L'enfant se troubla et ne sut que
répondre. Que de fois, en effet, d'horribles clameurs
étaient venues jusqu'à lui ! Que de fois, au milieu des
menaces et des imprécations, il avait distingué le nom
de Vergniaud !

Les prisonniers se mirent à table : c'étaient des
proscrits du 31 mai. Pendant le repas, on apporta fur-
tivement un journal. Ces hommes, depuis longtemps
privés de nouvelles, le parcoururent avidement ; ce fut
avec effroi qu'ils y lurent l'arrêt infâme qui, pour prix
de son courage, envoyait le brave Custine à l'échafaud. « Nous sommes tous perdus ! » s'écria l'un d'eux.
Ces paroles se sont profondément gravées dans la mémoire de celui qui, presque enfant encore, assistait à
cette scène émouvante ; et, il y a quelques jours, le
neveu de Vergniaud, vieillard aimable, qui à quatre-
vingt-sept ans conserve toute la lucidité de son esprit
distingué, me les rapportait avec émotion.

Ce fut la dernière fois qu'il vit son oncle : il eût
pourtant désiré de le voir encore, mais Vergniaud s'y
refusa. Toutefois, il lui écrivit quelques mots affec-
tueux et pria *son cher Francis* de faire parvenir à son
père ce petit billet : « Malgré les persécutions, je me
» porte bien ; il est glorieux de souffrir pour son pays

» et pour la liberté. Je ne suis inquiet que pour la
» chose publique, puissent mes persécuteurs la sauver !
» je leur pardonne tout le mal qu'ils me font. Je vous
» écris de la Force, où je suis aussi bien qu'on peut
» l'être en prison. Adieu, frère, embrassez ma sœur,
» les enfants et l'oncle. Je vous embrasse vous-même
» de tout mon cœur[1] »

Tels furent les nobles et touchants adieux de
Vergniaud à sa famille.

Jusqu'à la fin, Vergniaud conserva son courage, et
la fierté de son âme ne se démentit pas un seul instant.
Certain de pouvoir supporter sans pâlir la vue du
couteau sanglant, il se défit du poison qu'il portait
toujours sur lui. La mort semblait ne lui causer aucun
effroi ; il la désirait même avec ardeur comme le terme
de tous ses maux.

« Lâches, écrivait-il du fond de sa prison au comité
» de salut public, lâches qui vendez vos consciences
» et le bonheur de la république, pour conserver une
» popularité qui vous fuit ! Je vous dénonce à mon tour
» à la France, comme des imposteurs et des assassins.
» — Ma vie peut être en votre puissance ; — mon cœur
» est prêt, il brave le fer des assassins ou des bour-
» reaux. Ma mort sera-t-elle le dernier crime de nos
» décemvirs ? Loin de la craindre, je la souhaite ; le
» peuple, éclairé par elle, se délivrerait de leur hor-
» rible tyrannie ! »

Ce langage ne pouvait qu'aggraver son sort. Aussi le
péril devenait-il chaque jour plus pressant.

Robespierre avait l'invariable volonté de le perdre

1. Lettres de Vergniaud, p. 109. La Force, août 1793.

avec ses amis. Garat, qui était l'ami des Girondins, voulut essayer de les sauver. Il s'adressa d'abord à Robespierre; lui montra combien il était grave de traduire des représentants du peuple devant le tribunal révolutionnaire. — « Il est assez bon pour eux, » fut la seule réponse du dictateur.

Épouvanté, Garat courut chez Danton. Il le trouva découragé, malade, consterné de tout ce qu'il prévoyait. En entendant parler des Girondins, Danton, cependant, s'émut, et des larmes coulèrent sur ce dur et féroce visage. — « Je ne pourrai point les sauver, » disait-il !

Depuis deux mois, il les poussait sur la route de l'échafaud.

Ce fut dans les premiers jours d'octobre que la Convention rendit son décret d'accusation. Vingt-deux représentants, au nombre desquels était Vergniaud, étaient envoyés devant le tribunal révolutionnaire. Le procès des Girondins commença le 27 octobre 1793.

Vergniaud conserva tout le temps sa noble attitude et la fermeté de son maintien. Pendant quatre jours, les plus vils scélérats se présentèrent pour débiter contre lui les calomnies les plus infâmes. Vergniaud refusait souvent de parler; quelquefois il consentait à répondre, et alors cette voix pénétrante, qui avait si souvent remué la Convention, portait encore le trouble dans l'âme de ceux qui l'écoutaient, mais qu'on ne saurait appeler des juges !

Usant pour la première fois d'un droit nouveau, le 30 au soir les jurés se déclarèrent suffisamment éclairés, et l'un d'eux prononça un verdict affirmatif.

On ramena les accusés, et, sans qu'il leur fût

permis de se défendre, la sentence de mort fut portée.

Ce fut une scène déchirante : les condamnés se levèrent tous ensemble et s'abandonnèrent à toute leur indignation contre ce déni de justice et ce mépris du droit sacré de la défense. Leurs cris, leurs gestes agitaient les spectateurs. Parmi les condamnés, celui-ci s'adressant à l'auditoire : « Peuple, on te trompe, s'é- » criait-il, nous ne sommes pas coupables. » Celui-là jetait à la foule des assignats comme par mépris ! « Je » suis aussi innocent ! » disait l'un. « C'est le plus » beau jour de ma vie ! » disait l'autre.

Vergniaud, debout, les bras croisés sur sa poitrine, le visage méprisant, demeurait silencieux mais paraissait souffrir un douloureux ennui. A ce moment, s'il eût parlé, sa voix eût sans doute transporté ce public dont une partie semblait affligée et irritée tout ensemble ! Il aima mieux se taire.

Sur les premières marches de ce sombre escalier qui conduit à la Conciergerie, les Girondins chantèrent d'une voix forte quelques couplets de la Marseillaise : ils les chanteront encore le lendemain au pied de l'échafaud.

Ici, Messieurs, je vous prie de regarder autour de vous ; dans ce vieil édifice à chaque pas nous heurtons un souvenir ! Il y a déjà bien des années, dans ces murs se sont accomplis les événements déplorables qu'en vain je m'efforcerais de faire revivre à vos yeux ! Autour de nous, que de témoins d'un sombre passé !

Dans une enceinte voisine, à la voix de Fouquier-Tinville, un tribunal de sang rendit ses arrêts !

Ici, Valazé se perça le cœur; là, les Girondins vaincus entendirent en frémissant les calomnies des Hébert et des Chaumette! sur ces dalles que chaque jour, affairés ou distraits, nous foulons à nos pieds, leurs pas ont retenti pour la dernière fois! leurs chants ont fait tressaillir ces voûtes! et près de ce cachot où la reine de France versa ses dernières larmes, dans ce sanctuaire funèbre où les condamnés à mort s'agenouillent en tremblant, ils ont échangé leurs suprêmes adieux! exhalé les mêmes plaintes! soupiré les mêmes regrets! enduré les tortures de la même agonie!

Ils étaient jeunes et célèbres! quelques-uns laissaient des épouses chéries; à peine avaient-ils approché de leurs lèvres une coupe enivrante qu'elle se brisait entre leurs mains!

Qui retracera les scènes désolées de ces heures suprêmes? qui redira les entretiens de cette nuit fatale?

Vergniaud parlait encore : pressés autour de lui, ses amis exaltés recueillaient avidement ses paroles, et restaient comme suspendus à cette éloquence sublime que la France perdait avec la liberté! Ducos et Fonfrède, tous deux à la fleur de l'âge, riches, brillants, s'aimant d'une fraternelle amitié, s'embrassaient en pleurant et s'excusaient de leurs pleurs !

Redevenu prêtre sous les étreintes du sort, Fauchet méditait et priait! On s'entretenait du passé, on ne craignait pas d'interroger l'avenir; on gémissait sur les maux qui déchiraient notre malheureuse patrie! on apprenait à regarder la mort sans pâlir, et parfois les spirituelles saillies des uns ramenaient encore le sourire sur le visage fatigué des autres! Mais le dernier jour s'était levé! Vergniaud demanda que son fidèle domestique, qui venait autrefois chaque matin, mais que depuis longtemps ses larmes avaient fait exclure comme suspect, pût pénétrer dans la prison. C'était un brave homme; Limousin comme Vergniaud, il n'avait cessé de lui prodiguer les soins les plus touchants; il l'avait suivi à Bordeaux, et de Bordeaux à Paris.

Vergniaud eut la joie de presser ses mains dans les siennes : puis il lui remit une montre. Avec la pointe d'une aiguille, le prisonnier y avait gravé deux noms : le sien et le nom d'une jeune fille! car Vergniaud aimait; et sa dernière pensée fut pour une enfant de seize ans, dont il s'était promis de faire un jour sa compagne.

Cependant l'heure de mourir avait sonné. Une foule immense encombrait les abords du palais, et s'irritait d'attendre. Les Jacobins répandaient l'argent, soufflaient l'injure, et préparaient les clameurs! Vergniaud accueillit ces vociférations avec indifférence : elles n'arrivaient pas jusqu'à son âme ; son visage exprimait le dégoût plus encore que la douleur.

Durant le trajet funèbre, les Girondins avaient chanté : au pied de l'échafaud, leurs voix n'avaient pas fléchi.

On dit que la dernière qui se fit entendre, fut celle de Vergniaud.

La tête et les mains de Cicéron avaient été clouées à la tribune aux harangues : la tête de Vergniaud roula sous le couteau sanglant. Comme Cicéron, Vergniaud périssait pour avoir combattu la dictature.

L'éloquence de Vergniaud fut de celles, en effet, qui déchaînent la colère des tyrans, et on le peut appeler le prince des orateurs de la Gironde.

Sa taille était ordinaire. Mais il semblait que la nature eût façonné cet athlète de l'éloquence comme l'orateur du forum antique, et, pour résonner sous la voûte du ciel, sa voix n'eût rien perdu de son ampleur.

Sa poitrine était large ; ses épaules, massives ; sa tête, puissante ; son front, élevé ; ses cheveux, rejetés en arrière, lui laissaient les tempes dégagées, et, suivant la mode du temps, retombaient sur ses oreilles en deux rangées de boucles symétriquement disposées ; ses yeux très-grands étaient noirs et ombragés d'épais sourcils ; son nez, large et court ; ses lèvres, épaisses et saillantes : les paroles devaient s'en échapper comme à larges flots.

Sur cette figure robuste régnait comme l'expression du repos dans la force ; mais un sourire de dédain y errait sans cesse.

Du reste, sa physionomie l'eût laissé perdu dans la foule, et rien dans ses traits n'aurait attiré les regards. Mais à peine ses mains s'étaient-elles emparées de la tribune, que, la transformation s'opérant, l'orateur apparaissait.

Sa tête, d'habitude un peu lourde, se relevait fièrement ; son large front était comme inspiré ; ses yeux brillaient d'un éclat incroyable ; sous l'effort de la pensée, son visage s'était embelli ; sa taille devenait imposante : on l'admirait avant de l'avoir entendu ; son silence même était éloquent.

L'éclat de sa voix et la pureté de sa diction s'al-

liaient avec bonheur à l'élégance de son geste et à la
noblesse de son maintien.

Chez lui, les expressions les plus pittoresques se
trouvaient au service de l'élocution la plus facile, et
il semblait traduire sa pensée sans effort, dans un
style toujours harmonieux mais quelquefois déclama-
toire.

Il exposait avec netteté; il discutait avec énergie ;
il concluait avec force. Son élégante parole s'emparait
fortement des esprits par de grandes images présen-
tées avec art, et les charmait par des souvenirs de
l'antiquité, rappelés avec à-propos.

Habile à faire passer dans les âmes les émotions
dont la sienne était agitée, il savait inspirer son courage, communiquer son enthousiasme ou son indignation.

Toujours maître de lui-même, dans les délibérations
les plus passionnées, il commandait à son ardeur et
contenait les impétueux mouvements de son esprit ;
au milieu d'une assemblée délirante, il demeurait
calme, et sa voix, qui dominait le tumulte, persistait
à se faire entendre, malgré le bruit assourdissant des
tribunes et les huées de la populace.

Sous l'influence de certaines pensées qu'il se plaisait
à caresser, sa parole revêtait une forme nouvelle, et,
dans la nature même des sentiments si chers qu'elle
exprimait, son éloquence semblait parfois puiser une
vigueur inconnue.

Ces mots prestigieux de patrie, de liberté, qui ne
cesseront jamais d'exercer sur les hommes leur tout-
puissant empire, le faisaient tressaillir et l'arrachaient
à cette indolence rêveuse qui n'est pas un des traits

les moins curieux de cette attachante figure. Alors
Vergniaud se surpassait lui-même; il s'adressait à son
pays avec des larmes dans les yeux, il lui parlait de
cette liberté qu'il a conquise et que tant d'excès vont
compromettre! Avec amour, il en redisait les charmes; avec complaisance, il en énumérait les bienfaits.
La crainte de perdre un bien si précieux s'emparait-
elle de lui, aussitôt il suppliait ses concitoyens de
s'arrêter sur la pente fatale qui mène à l'anarchie,
puis au despotisme. Il se retournait ensuite avec colère « *contre ces hommes pervers qui ne se montrent que dans*
» *les calamités publiques, comme il est des insectes malfaisants*
» *que la terre ne produit que dans les orages* [1] ! » Il ne les
combattait pas, il les accablait; sans pitié, il leur ar-
rachait ce manteau de patriotisme dont ils s'étaient
affublés, leur jetait à la face l'ironie la plus poi-
gnante, les couvrait de ses plus hautains mépris!
Debout sur les ruines accumulées autour de la tribune,
contemplant, non sans effroi, des désastres auxquels
il n'était pas étranger, il soulevait un instant le voile
qui dérobe l'avenir; prophète éloquent, avec une ef-
frayante certitude, il prédisait les maux qui s'apprêtaient à déchirer la France, et s'écriait d'un ton douloureux : « *N'est-il donc pas à craindre que la révolution,*
» *comme Saturne, dévorant successivement ses enfants, n'en-*
» *gendre enfin le despotisme et les calamités qui l'accom-*
» *pagnent* [2] ! »

Disciple de ce génie, dont tout son siècle porte
l'empreinte, comme Rousseau, c'était par le nombre

---

1. 18 septembre 1792. *Monit. univ.* Discours de Vergniaud.
2. Discours de Vergniaud, mercredi 13 mars 1793. *Monit. univ.*

et la mélodie du discours que Vergniaud obtenait ses plus merveilleux effets oratoires. Ses périodes, composées avec art, flattaient agréablement l'oreille, et ses accents se changeaient comme en une musique voluptueuse. Amoureux, plus qu'il ne convenait, de la forme et des couleurs, de même que la plupart de ses contemporains, il tomba trop souvent dans l'enflure.

C'était aux sens plus qu'à l'esprit qu'il s'adressait ; il éveillait les sensations plus que les sentiments ; il fascinait les yeux ; il brisait les volontés ; il s'emparait des imaginations qu'il avait exaltées, et cette foule qu'il charmait, en agitant devant elle des lambeaux de pourpre, il l'entraînait à son gré ; elle devenait sa captive ; il en avait été le séducteur ; il en restait le maître !

Admirateur de la nature, Vergniaud cherchait surtout à la faire revivre dans ses paroles. Retraçait-il de lointains événements, ce tableau que les temps avaient assombri, il l'inondait de lumière ; et ces couleurs qui paraissaient effacées hier, aujourd'hui renaissaient sous son pinceau.

Faisait-il assister à quelques scènes de carnage? ces victimes, qui se traînaient palpitantes sur le sol, on entendait leurs cris et leurs gémissements ; on les voyait élever vers le ciel leurs mains suppliantes ! à l'aspect du sang et des cadavres, les regards se détournaient avec dégoût, et les cœurs se sentaient glacés d'horreur.

Vergniaud, je salue ton éloquence avec admiration ! car tu as été le plus merveilleux orateur de cette prodigieuse époque, dont nous sommes les fils !

Mais un importun souvenir, que vainement je voudrais écarter, refroidit mon enthousiasme, et détache mon attention du spectacle que m'offre ton génie.

Puis-je oublier les imprudentes paroles qui ont allumé l'incendie qu'en vain tu t'efforceras d'éteindre?

Avec une indignation qui t'honore, tu as flétri les massacres de septembre, mais ta voix complaisante n'a-t-elle pas excusé les massacres d'Avignon!

Sur le bord de cet abîme où tu allais t'engloutir avec tes amis, tu as supplié tes concitoyens de respecter les lois; mais, entraîné par la plus aveugle des méfiances, cédant à la plus irréfléchie des craintes, ces lois dont tu devenais le tardif défenseur, ne les as-tu pas toi-même indignement méconnues?

Avec courage, tu as dévoilé l'hypocrite ambition de Robespierre; mais n'es-tu pas de ceux qui, pour avoir abusé de la liberté, l'ont condamnée à un exil qui n'a pas cessé encore?

L'éloquence de Vergniaud fut de celles qui flattent les passions populaires et souvent les plus détestables, les déchaînent, s'en affolent et se trouvent ensuite impuissantes à les réprimer!

Empruntant à Tacite quelques-unes de ses énergiques paroles, je serais donc tenté de m'écrier : « Fuit » magna illa et notabilis eloquentia, alumna licentiæ, » quam stulti libertatem vocabant, comes seditionum, » effrenati populi incitamentum......... contumax, » temeraria, arrogans, quæ in bene constitutis civi- » tatibus non oritur [1] ! »

Ne l'oublions pas, Messieurs, la liberté sans frein, aboutit tôt ou tard au despotisme sans merci; et Ver-

---

1. *Dialogus de oratoribus*. Corn., Tacit. ch. XL.

gniaud pour avoir trop aimé l'une est tombé victime
de l'autre.

Toutefois, celui qui, en 1789, célébrait avec trans-
port le cher et glorieux avénement de la lib rté française, est le même qui, en 1793, flétrissait avec courage les excès abominables commis au nom de la
liberté !

Encore qu'il ait nourri de dangereuses chimères,
encore qu'il ait eu de regrettables défaillances,
l'homme qui a rempli ces deux tâches, et mis sa
grande voix au service de ces deux grandes causes,
par ses nobles élans comme par ses justes colères,
par ses accents incomparables comme par ses indi-
gnations généreuses, par l'éclat de son génie comme
par son héroïsme devant la mort, a droit à nos res-
pects, mérite notre sympathique admiration, se re-
commande à la postérité. C'est pourquoi, Messieurs,
la mémoire de Vergniaud reste impérissable.

LETTRES DE VERGNIAUD

A SON BEAU-FRÈRE MONSIEUR ALLUAUD

Bordeaux, 19 janvier 1782.

. . . . . Grâce à M. Dupaty, j'ai une seconde cause en la Tournelle. Je suis presque prêt pour la première ; et il ne me manquera bientôt plus que d'obtenir l'audience.

Bordeaux, 26 janvier 1782.

J'ai reçu, mon cher frère, la robe et les bas que vous avez bien voulu m'envoyer. Je vous en fais mes remercîments. Je me proposais d'étrenner la robe ce matin ; mais il faisait si mauvais temps que ce sera pour une autre fois.

. . . . . Les avocats et les procureurs qui n'ont pas de pain cuit, en ont grand besoin aussi. Vous savez que c'est mon cas, et si je dois désirer ardemment le rétablissement du service. Quoi qu'il en soit, j'espère néanmoins plaider mon affaire dans le courant du mois prochain. Je vous ai dit qu'elle était assez intéressante pour faire briller l'avocat, mais elle est aussi assez douteuse pour qu'il puisse la perdre sans miracle. Il est vrai que je ne pouvais pas choisir, et encore moins la refuser de la main qui me l'a donnée.

Bordeaux, 2 février 1782.

Je vous prie, mon cher frère, de ne pas faire comme mon oncle, de ne pas m'appeler un insatiable, car j'ai encore une demande à vous faire. Le froid a succédé à la

pluie, et il est impossible de travailler sans feu ; j'ai aussi
à satisfaire quelques autres petits besoins, comme perru-
quier, blanchisseuse, etc., etc.

Monsieur le président Dupaty, qui joint deux mots à ma
lettre, a eu la bonté de m'avancer un louis que je vous
prie de me faire tenir.

J'espère qu'après mon début, je vous laisserai un peu
tranquille. . . . .

Monsieur le président Dupaty à Monsieur Alluaud.

D'après la lettre très-obligeante que vous m'avez écrite,
Monsieur, j'ai cru devoir avancer un louis à M. Vergniaud,
pour du bois ; et entrer par là dans vos vues si dignes de
vous.

Vergniaud à Monsieur Alluaud.

Bordeaux, 9 février 1782.

Je compte débuter aujourd'hui en Tournelle dans deux
petites affaires que m'a données Monsieur ***.' J'ignore
quand je plaiderai celle que M. Dupaty m'a procurée : la
partie n'est pas encore ici.

Bordeaux, 16 février 1782.

J'ai reçu, mon cher frère, le louis que vous avez eu la
bonté de m'envoyer. J'espère que je ne vous importunerai
plus, de quelque temps du moins, si je puis avoir des procès. J'en plaiderai deux samedi prochain pour un curé. Ils
ne sont pas excellents. Je pourrais cependant bien en
gagner un. Quoi qu'il en soit, dans ma position, on ne peut
pas choisir, c'est Monsieur... qui me les a donnés : je n'ai

pu les refuser. On réserve ce qu'il y a de bon pour les
grands avocats, et on a l'air d'obliger les jeunes gens en
leur donnant souvent ce que les autres ne veulent pas. . .

. . . . . On m'a dit qu'il y aurait samedi prochain
beaucoup de représentations volontaires, ce qui pourrait
bien reculer mon début de huit jours. J'en serais fâché :
on n'est pas tranquille la première fois qu'on doit parler en
public, et si je ne plaide pas samedi, j'en serai toute l'audience pour une inquiétude, et ce sera à recommencer le
samedi suivant. C'est fort désagréable ; il faudra cependant bien en passer par là.

Bordeaux, 9 mars 1782.

On n'a point encore appelé mes deux causes, et, comme
elles ne sont pas des meilleures, que d'ailleurs ce n'est pas
l'intention de ma partie de solliciter l'audience, je n'use
point de mon privilége de débutant pour l'obtenir. Je suis
tout prêt ; mais je ne serais pas fâché de commencer par
une autre affaire un peu moins douteuse. La perte ou le
gain d'un premier procès influe quelquefois beaucoup sur
la réputation d'un jeune avocat.

Bordeaux, 13 avril 1782.

Enfin, mon cher frère, j'ai plaidé ce matin : mon procès n'est pas perdu ; mais il n'est pas jugé, et il y a tout
à parier que je le perdrai, ainsi que celui que je plaiderai
samedi prochain.

Quant à mon succès personnel, il ne m'appartient pas
de vous en parler, cependant, comme je vous ai annoncé
que, tout amour-propre et toute modestie mis à part, je
vous dirais à peu près si j'avais réussi, je vous dirai qu'en

sortant du palais, presque tous les avocats m'ont fait
compliment, et que M. Dupaty, qui en son particulier m'a
témoigné son contentement, m'a assuré que toute la Tournelle avait été très-satisfaite.

Bordeaux, 20 avril 1782.

L'affaire que j'ai plaidée samedi dernier n'a pas été
jugée ce matin. . . . . . Mais j'ai plaidé l'autre affaire que
j'avais pour le même curé. On m'a dit que j'avais été un
peu long.

Cependant, quoique les conclusions de Monsieur l'avocat général aient été contre moi, malgré la prévention de
presque tous les juges contre ma partie, j'ai obtenu mes
conclusions. . . . . Je puis me flatter que ces deux petites affaires m'ont fait une petite réputation. C'est à vous
seul que je dis cela ; parce que je vous dois compte de
mon succès, puisque vous m'avez mis à même d'en avoir.

Bordeaux, 10 mai 1782.

Permettez, mon cher frère, que je fasse compliment à
Monsieur ***, et faites-m'en un de condoléance sur la perte
la plus complète du premier procès que j'ai plaidé. Je puis
dire cependant, dans un sens, que j'ai gagné mon pucelage, parce que ma première cause ayant été continuée
pour Messieurs les gens du roi, et les mêmes juges ne se
trouvant pas à l'audience suivante, j'ai plaidé ma seconde,
dans laquelle j'ai obtenu mes conclusions contre celles de
Monsieur l'avocat général. Ne craignez cependant pas que
l'amour-propre me tourne la tête ; j'en ai bien assez pour
croire que si j'avais bien employé mon temps, je pourrais
valoir quelque chose, mais je me rends assez de justice

pour être très-convaincu que je ne sais rien. C'est le
sieur ***, qui en qualité de compatriote, et à la recom-
mandation de M. Dupaty, m'avait donné ce qu'il y avait
de plus mauvais dans son étude.

Outre le désagrément de débuter par deux affaires que
j'étais sûr de perdre, car l'arrêt que j'ai obtenu n'est qu'un
interlocutoire qui ne fait que différer la perte du procès,
j'ai eu celui d'être on ne peut plus mal payé ; mais il faut
prendre patience. Un jeune procureur m'a donné ce matin
une petite affaire en Tournelle que je crois assez bonne,
et m'en a promis d'autres ; mais il faut les attendre.

Bordeaux, 20 juin 1782.

Je vous écris, mon cher frère, le jour de ma fête. —
J'aurais bien voulu, en guise de bouquet, recevoir quelque
cause, mais, quelque petit que soit mon cabinet, je ne suis
pas prêt à le remplir. . . . .

Bordeaux, 18 juillet 1782.

. . . . . La confiance avec laquelle je plaiderai devant
M. Dupaty, ne nuira pas sans doute à ma plaidoirie : l'affaire est intéressante ; il y a question de fait et question de
droit. Elle ne me rapportera de l'argent qu'autant que je
gagnerai, ce qui est bien douteux ; mais elle peut me faire
beaucoup d'honneur si je la défends bien et me procurer
quelques affaires pour l'année prochaine. Il faut bien
commencer par les mauvaises pratiques ou ne pas en avoir
du tout. Il y a des avocats qui suivent le palais depuis
cinq ou six ans qui n'ont pas pu en accrocher une seule, et
on a paru assez étonné qu'ayant prêté serment à la fin de

l'année dernière, j'aie trouvé le moyen de plaider cette année.

Bordeaux, 3 janvier 1783.

Bon jour, bon an, mon cher frère; et quand vous me direz que tout le monde se porte bien chez vous, ne me faites plus d'exceptions comme dans votre dernière lettre, où vous aviez passé toute votre famille en revue, pour me parler de la tumeur de l'un, de la migraine de l'autre, de la fluxion de celle-ci, du mal de dents de celle-là. J'ai cru que votre litanie serait éternelle; et vous avez on ne peut pas plus mal fini l'année 1782.

Agissez différemment dans celle que nous commençons, et s'il faut absolument qu'il soit question de maladie, soyez tous malades, excepté vous, ma sœur, les vôtres, la Catisson, Claire, ma filleule, celle qui ne parlait pas encore quand je suis parti, et celle que je n'ai jamais vue. Voilà comment il faut excepter, et à la bonté de ces exceptions, j'espère que vous reconnaîtrez que j'ai fait quelques progrès dans l'art d'avocat.

Bordeaux, 1ᵉʳ mars 1783.

Je n'ai encore pu plaider comme je vous l'avais annoncé que je devais le faire incessamment; mais, en revanche, j'ai fait un gros mémoire de huit pages . . . .
. . . . . Je vous l'envoie parce que c'est un pucelage; car autrement l'affaire et le mémoire ne valent pas la peine du voyage. . . . .

Bordeaux, 5 avril 1783.

Voilà bien du temps, mon cher frère, que je n'ai reçu de

vos nouvelles. Je n'en ai pas de bien intéressantes à vous apprendre sur mon sort. J'ai quelques affaires dans mon cabinet, ou dans ma salle de compagnie, ou dans ma chambre à coucher, car tout cela est la même chose ; mais mon tour de plaider n'est pas encore arrivé. Quand on appelle quelqu'une de mes affaires dont le nombre n'est pas du reste bien grand, il y a toujours quelque anicroche ; je compte cependant que je serai plus heureux après Pâques.

Bordeaux, 3 mai 1783.

. . . . . En revanche, je vous ai fait passer un mémoire que vous pourrez lire, lorsque vous ne pourrez pas dormir ; il est un peu long. . . . .
. . . . . Je reçois ici beaucoup de compliments. . . .
. . . . . On établit ici comme à Paris un musée, espèce d'académie ou d'assemblée littéraire, dont Monsieur l'intendant, M. Dupaty, beaucoup de conseillers, ce qu'il y a de mieux dans la ville, sont autant de membres. Le nombre est fixé à cent : il y en a déjà soixante d'élus, et j'ai l'honneur d'être de ce nombre, avec neuf ou dix autres avocats. . . . . Tout l'avantage que j'y vois, c'est de faire de bonnes connaissances. Liberté, égalité, voilà notre devise : vous voyez que nous sommes de grands philosophes. Adieu.

Bordeaux, 14 mai 1783.

. . . . . Il me reste trois petites affaires d'audience, ce qui vaut mieux que trois douzaines de compliments. . . .

Bordeaux, 5 juillet 1783.

Comment se porte votre soleil ? Le nôtre est tout pâle.

Depuis plus d'un mois, il est obscurci par des brouillards
continuels. Tous les physiciens du pays se sont en vain
escrimés pour en donner la cause. Ceux qui plaisantent
sur tout, disent que c'est la fumée qui nous arrive de la
Calabre. Ceux qui tremblent de tout, soutiennent que ces
brouillards sont les avant-coureurs de quelque maladie
épidémique. Ceux qui se piquent de raisonner de tout, pré-
tendent que c'est la comète qui doit venir nous rendre
visite au mois de décembre prochain, dont l'approche
pressant l'atmosphère, condense les vapeurs, etc., etc. . . .

Vous en croirez ce qu'il vous plaira.

Bordeaux, 11 juillet 1783.

J'ai joué hier de malheur à l'audience de relevée. J'ai
plaidé une affaire assez intéressante. Messieurs les gens du
roi ont été contre moi. Il y avait dix juges. On a opiné
pendant près d'une heure. Enfin, après bien des débats, il
y avait six voix pour moi, contre quatre. . . . .
. . . . . Je plaide contre une jolie femme, et l'affaire
est de celles où l'on peut parier pour ou contre sans compromettre la justice, et qui dépendent uniquement de la
manière de voir des juges.. . . . .

Bordeaux, 9 août 1783.

Il est heureux pour moi que j'aie accroché deux grands
procès cette année. Ça influe beaucoup sur la destinée des
jeunes avocats. Quand on commence par des misères, les
procureurs ne vous donnent que des misères, quelque talent que vous ayez. Aucun ne veut se hasarder de vous
mettre à l'épreuve dans une affaire de conséquence. Si

vous commencez au contraire par quelque grande affaire,
pourvu que vous ne l'estropiez pas, on se persuade que
vous avez de grands talents, et l'on vous emploie confor-
mément à cette idée. . . . .

Bordeaux, 22 août 1783.

. . . . . Vous avez sans doute appris que l'île Formose
a essuyé le même désastre que la Calabre ; mais il a été
bien plus terrible, parce que l'île Formose est beaucoup
plus grande : il a péri au moins quatre cent mille Chinois,
ou, pour mieux dire, on ne peut pas savoir à combien s'é-
lève le nombre des morts. Réjouissons-nous de ce que nos
montagnes du Limousin sont si débonnaires. Ce ne sont pas
des magasins à feu comme tous ces volcans qui produisent
ces affligeantes révolutions. Vivent nos châtaignes et le
vin de Bordeaux ! Adieu . . . .

Bordeaux, février 1784.

L'hiver, sans être bien rude à Bordeaux, a tellement
glacé le zèle de Messieurs du Parlement, que les audiences
se montent après onze heures pour finir à midi : aussi les
procureurs ne distribuent-ils pas' les affaires, et les jeunes
avocats qui n'ont pas de pain cuit, commencent à trouver le temps un peu long. Ce sont eux qui témoignent
le plus de zèle pour que la justice soit bien administrée.
J'espère que cette séance je travaillerai au sénéchal où je
n'ai pas encore plaidé. J'en serai redevable à M. le conseil-
ler de ***, qui me ferait, je crois, s'il le pouvait, recomman-
der à toute la terre. Je lui ai d'autant plus d'obligation
qu'il ne me sait pas mauvais gré de mon attachement à

M. Dupaty, et qu'il ne m'en parle jamais, du moins en mal.

Bordeaux, 16 février 1784.

Je vous remercie, mon cher frère, de m'avoir procuré la confiance de Monsieur ***. Je travaille à me rendre digne de celle du public, et je serai flatté de mériter, en particulier, la sienne. Il ne tiendra pas à moi que ses procès ne soient promptement terminés; mais la justice du parlement de Bordeaux n'a ni bras ni jambes, et quand on est ainsi estropié, on agit bien lentement. . . . .

Bordeaux, 5 mai 1784.

Je suis bien fâché, mon cher frère, que votre voyage à Paris ne vous ait pas procuré les avantages que vous désiriez. Je souhaite que vous soyez plus heureux dans celui que vous faites au. . . . .

. . . . . Il est encore plus essentiel de se bien porter que d'être riche. Je m'accommoderais fort bien de l'un et de l'autre; mais, ne pouvant pas réunir ce double bonheur, je me console avec une bonne santé de la sécheresse de ma bourse. Jusqu'à présent, je n'ai pas fait grand'chose; mais nous entrons dans le fort du travail, et j'espère que j'en aurai assez pour me tirer d'affaire.

Bordeaux, 14 juin 1784.

Je vous dirai que mes affaires commencent à peine à prendre une tournure un peu meilleure que par le passé. Quoiqu'il n'y ait plus que deux mois d'ici à la fin de la séance, j'espère payer les dettes que j'ai été forcé de faire.

Jusqu'à présent je n'ai travaillé qu'à des misères, et il s'en faut beaucoup que j'aie gagné de quoi me soutenir. Il faut de la constance dans tous les états, mais je pense que c'est celui d'avocat où l'on en a le plus de besoin.

Bordeaux, 19 mars 1785.

Je ne vous ai pas écrit depuis quelque temps, mon cher frère, pour deux raisons : la première, c'est que nous sommes en carême, et que dans cette saison il faut bien faire pénitence comme tout le monde; la seconde, c'est que j'ai été fort occupé. Nous voici enfin en vacances : nous avons quinze jours de répit, du moins pour le palais; car, dans mon cabinet, je ne manque pas d'ouvrage. . . . .

Bordeaux, 7 mai 1785.

Nous avons, mon cher frère, une sécheresse qui fatigue tout le monde. Les processions n'y font rien. C'est un embargo sur les chiens. Tous ceux qu'on trouve dans les rues, c'est autant de morts. On fait même des rondes pour les attraper, le matin et le soir. Il y a aussi beaucoup de gens qui profitent du beau temps pour s'en aller dans l'autre monde. Les maladies de poitrine sont la voiture la plus en vogue. Jusqu'à présent j'ai esquivé le voyage, et rien n'annonce en ma personne que je sois disposé à le faire.. . . . .

Bordeaux, 5 avril 1787.

Je vous écris, mon cher frère, d'une fort jolie maison

de campagne où je suis venu passer mes fêtes. Les bords de la Garonne et la verdure renaissante me feraient préférer ce séjour à celui de mon cabinet, où je n'ai pour perspective que des bouquins. Mais, parmi les hommes, les uns sont nés pour le plaisir, les autres pour la peine ; il faut remplir sa destinée. Dans huit jours je reviendrai aux bouquins, non pas sans regrets, mais du moins sans murmures.

Bordeaux, ... 1787.

Vous êtes bien fier, mon cher frère, de pouvoir maintenant donner chez vous un bal complet, sans être obligé d'inviter personne. Quatre garçons et quatre filles, c'est vraiment une partie on ne peut mieux entendue. Vous avez même en ce moment un autre avantage, c'est que le plus jeune des garçons pourra se charger de la musique. Comment se porte la mère de ce beau quadrille ? . . . . .

Bordeaux, ... 1788.

Enfin, mon cher frère, nous touchons aux vacances, et bientôt j'irai vous rendre la visite que vous m'avez faite cette année. Si vous avez quelque commission à me donner, écrivez-moi par le premier courrier, parce que je compte partir du 15 au 20. Je vous envoie, en attendant, un exemplaire de mon plaidoyer contre la religieuse [1]. Il ne me convient pas trop de vous dire que j'ai été applaudi

1. Ce plaidoyer est un des plus célèbres de Vergniaud. La religieuse dont il est question est la sœur Sainte Colombe : elle avait fait ses vœux au couvent de la Magdeleine, à Bordeaux, en 1747, et réclamait la succession de son oncle Guillaume Tenet, décédé en 1786, laissant une fortune immense.

plusieurs fois; mais je vous le dis, parce qu'on parle volontiers de ses succès à ceux qu'on aime. D'ailleurs, je vous le dis tout bas, afin que personne ne l'entende, et ne m'accuse de vanité. Le procès sera jugé bientôt ; c'est le dernier arrêt que rendra le parlement. J'ai eu les plus fortes préventions à combattre, et je crains bien qu'elles ne l'emportent sur tous mes efforts et sur les vrais principes. Nous nous consolerons en buvant du Saint-Émilion.

Bordeaux, 20 décembre 1788.

Je suis enfin pleinement installé dans mon nouvel hôtel. Je n'y couche que depuis avant-hier. Ainsi vous voyez que c'est très-récent ; mon logement est très-joli pour un garçon. Vous qui connaissiez mes fonds, vous imaginez bien que je ne l'ai pas meublé sans m'endetter ; mais la Providence et puis le travail y pourvoiront. Les affaires prennent une assez bonne tournure au palais; et s'il ne survient pas de nouveaux troubles, j'espère dans deux mois être pleinement au-dessus de mes affaires.

Bordeaux, 22 mai 1789.

Je vous dirai que lundi dernier j'ai eu un moment très-flatteur. Je devais plaider une affaire très-ennuyeuse en elle-même, mais dans laquelle M. Devignes s'était permis des injures et un mémoire atroce contre les négociants pour qui je plaidais. Cette affaire et une autre qui devait se plaider le même jour attirèrent beaucoup de monde. Je plaidai ; j'eus le bonheur de réussir au delà de mes espérances ; il est vrai que j'étais échauffé autant par l'aspect d'une assemblée aussi nombreuse que par zèle

7

pour mes clients. On applaudit, contre l'usage, avec force ;
toute la cour me fit faire les compliments les plus flatteurs. Ce plaidoyer m'a fait plus connaître dans la ville
que toutes les affaires que j'ai plaidées jusqu'à présent.
J'en ai cependant travaillé de beaucoup plus intéressantes,
auxquelles j'ai donné beaucoup plus de soins ; mais tout
dépend du hasard, et une vilaine cause aura plus fait pour
ma réputation que les causes les plus majeures : c'est
un malheur dont on peut se consoler aisément.

Bordeaux, 17 juin 1789.

. . . . . Je n'ai pas le temps de respirer ; je me suis
emparé de toutes les audiences. . . . .

Bordeaux, 25 juillet 1789 [1].

Ce n'est pas simplement un avocat qui vous écrit, mon
cher frère ; c'est un capitaine d'infanterie. Ce n'est plus
seulement un homme en robe et en cheveux longs ; c'est
un homme portant la cocarde et l'épée. Toute la ville est
sous les armes. . . . . Voilà dix ou douze jours, les plus
précieux de la séance, où l'on ne fait rien. C'est une grêle
qui emporte une partie de notre moisson. Mais les événements publics sont si importants qu'il est impossible de
ne pas perdre de vue ses intérêts particuliers. Il faudra
se consoler par le bonheur général des malheurs indivi-
duels.

Bordeaux, 13 août 1789.

. . . . . Il y a quinze jours que j'étais de patrouille,

---

1. Cette lettre a été écrite onze jours après la prise de la Bastille.

je pris trois voleurs. Je serai encore de garde demain : je
ne sais pas si je ferai un aussi brillant exploit. Vous imaginez bien que le palais et la bourse des avocats souffrent
de tous ces dérangements, mais il faut bien que je paye
les impôts de quelque façon.

Paris, 24 novembre 1789.

Maintenant, mon cher frère, je me reconnais dans les
rues de Paris, et je sais par cœur mon Palais-Royal. . . . .
On nous avait furieusement exagéré la dépopulation de
Paris. . . . . . Le calme le plus profond semble régner
dans Paris ; seulement quelques mauvais sujets se sont un
peu remués à l'occasion de la détermination prise par
l'Assemblée nationale de faire présent de ses boucles
d'argent. Plusieurs personnes qui en portaient encore le
lendemain ont été insultées, d'autres ont trouvé des gens
assez officieux pour vouloir les en débarrasser.

Une ordonnance de police a apaisé ce bel enthousiasme, et la précaution que tout le monde a prise de ne
porter que des boucles jaunes lui a ôté toute occasion de
se développer.

Paris, 29 novembre 1789.

. . . . La journée du 15 qui devait être signalée
par une grande révolution a été on ne peut pas plus tranquille. On craint quelque projet sinistre contre M. de Lafayette. Lui-même prend pour s'en garantir les précautions
convenables : il est toujours armé, de même que ses aides
de camp qui l'accompagnent et tous ses gens. Sa place est
enviée ; vous sentez combien elle pourra devenir dange-

reuse entre les mains d'un mauvais patriote. Le procès
contre M. de Besenval et le prince de Lambesc n'avance
pas, faute de preuves. Les pamphlets contre la reine et les
princes circulent toujours. On répand les bruits les plus
extraordinaires sur le duc d'Orléans ; tantôt on le fait revenir d'Angleterre, avec des convois de blé évalués à
20 millions ; tantôt on dit qu'il a été tué par le duc de
Bourbon ; tantôt on assure qu'il s'est enfui, parce qu'il
veut faire banqueroute. On s'accorde assez à ne pas l'es-
timer.

Voici un billet d'enterrement pour le clergé : Vous êtes
prié d'assister au convoi, service et enterrement de très-
haut, très-puissant, très-magnifique seigneur Clergé, décédé en l'Assemblée nationale, le jour des Morts de l'an
1789. Le corps sera porté au Trésor royal, en caisse nationale, par MM. le comte de Mirabeau, Chappelier, Touret
et Alexandre de Lameth, et passera devant la Bourse et
la Caisse d'escompte qui lui jetteront de l'eau bénite.
M. l'abbé Maury et M. l'abbé d'Eymard suivront le deuil
en grandes pleureuses. M. l'abbé de Montesquiou pronon-
cera l'oraison funèbre. Un *de profundis* sera chanté en
faux bourdon par les dames de l'Opéra, qui seront revê-
tues de l'habit de veuve. Le deuil se rendra chez M. Necker
où les créanciers de l'État sont priés de se trouver.

Paris, 16 janvier 1790.

Vous avez lu les relations de la séance que l'abbé Maury
a rendue si orageuse. Croyez qu'elles ont dû être extrêmement affaiblies par les journalistes. Il est vraiment impossible de se faire une idée de l'audace ou plutôt de l'effronterie de l'abbé, à laquelle ce malheureux joint un talent

rare, et la force des poumons nécessaire pour le mettre au
jour dans une grande assemblée. Il est impossible de se
faire une idée des cris qui se sont élevés contre lui. C'était
un tapage qui croissait d'autant plus qu'il avait l'air de
s'en moquer. J'ai sous la main une feuille intitulée *le Rô-
deur*. J'imagine qu'elle ne rôde pas en province. J'y trouve
une plaisanterie qui me fait rire. La voici : Dans un vil-
lage du Périgord, les paysans ont obligé leur curé à mettre
une cocarde nationale à leur saint-sacrement : ils ont de
plus exigé que le curé laissât la porte du tabernacle ouverte, parce qu'ils voulaient que leur bon Dieu fût libre.

Bordeaux, mai 1790.

Lundi commencent nos assemblées primaires. Nous
avons ici formé une société appelée *la Société des amis de
la Révolution* : elle est très-intéressante. . . . .
. . . . . Vous avez entendu parler des troubles de
Montauban. Lundi dernier, il est parti de Bordeaux
1,300 hommes pour y porter la paix en donnant la chasse
aux aristocrates.

Bordeaux, 19 mai 1790.

. . . . . . J'ai eu recours, mon cher frère, à un usurier
pour payer mes billets. . . . . On a commencé ici les
élections pour le département ; je crois que je suis nommé.

. . . .

Bordeaux, ... 1790.

. . . . . La nouvelle de l'évasion du roi n'a pas troublé
notre tranquillité. On a pris seulement toutes les mesures

de prudence; on s'est emparé de tous les fonds. Nous avons appris cette nuit par un courrier extraordinaire l'arrestation du roi.

Bordeaux, 10 juillet 1790.

Je suis, mon cher frère, honorable membre du département de la Gironde. . . . . Tout pauvre que je sois, je voudrais payer assez d'impositions pour me trouver éligible en cas d'événements. Je paye 13 fr. à Bordeaux. Veuillez bien veiller à ce que je sois complété pour le marc d'argent, lors de la confection du rôle.

Bordeaux, 17 mars 1791.

Dimanche dernier, nous avons eu une cérémonie magnifique : c'est celle de l'inauguration du pavillon national. La plus grande harmonie règne dans tous les corps, et plus heureux que vous ne l'êtes à Limoges, il ne parait pas que nous ayons aucun trouble à craindre. . . . . . .

Bordeaux, ... 1791.

. . . . . . Il y a eu un mouvement populaire relatif à l'augmentation du pain, mais il a été étouffé dans la matinée. On a volé quelques pains chez un boulanger. Ces excès n'ont été suivis d'aucun malheur. Pas un coup de poing n'a été donné. On a cependant dénoncé à l'accusateur public les instigateurs de cette fermentation ou du moins ceux qui ont eu la maladresse de se laisser prendre et qui pouvaient bien n'être pas les plus coupables. Heureusement que nos lois pénales sont adoucies, et que nous n'aurons la douleur de voir pendre personne pour une faute qui. quoique très-grave, n'a pas eu de suites funestes, et n'a peut-être pour cause qu'une inquiétude irréfléchie ou l'augmentation des subsistances.

Bordeaux, juin 1791.

Je quitte le corps-de-garde, mon cher frère, pour venir vous écrire deux mots. . . . . le service se fait à Bordeaux avec un zèle admirable. Nous sûmes avant-hier, à quatre heures, que les Espagnols avaient violé notre territoire. Deux heures après, quatre canons étaient en marche, et mille hommes devaient partir le lendemain matin. A dix heures du soir, arriva la nouvelle que les Espagnols étaient rentrés chez eux. Nous apprenons aujourd'hui, par un ouvrier de Saintes, qu'on a signalé sur la côte du Poitou une escadre anglaise de 26 voiles, qui probablement disparaîtra aussi subitement que les Espagnols. Il est évident que ces manœuvres étaient combinées d'avance avec le départ du roi, et que son arrestation, en les dérangeant, nous a préservés des horreurs de la guerre.

Bordeaux, septembre 1791.

Je vous écris, cher frère, de l'assemblée électorale, où je suis collé depuis dimanche matin comme scrutateur, métier le plus ennuyeux possible : dix députés sont déjà nommés. Ce soir, nous en nommons un, et demain matin, le dernier. En général, je suis content des élections. Il n'y a que les aristocrates qui en gémissent; c'est vous dire qu'elles ne sont pas mauvaises. Je vous en donne une note dans l'ordre qu'elles ont été faites. Je ne vous parlerai pas d'autres nouvelles, car je n'ai pas même le temps de lire le *Moniteur*.

Barennes. — Ducos. — Servière. — Vergniaud. — Lafond-Ladebat.— Guadet. — Journée Aubert. —Lacombe, curé constitutionnel. — Sers. — Fay de Sainte-Foi.

Vergniaud à sa sœur, madame Alluaud.

Paris, 17 septembre 1791.

Me voilà arrivé, ma chère sœur, dans la grande ville; je suis dans tous les embarras de notre installation en ménage. Nous sommes quatre qui voudrions demeurer ensemble, et qui courons de tous côtés pour trouver nos logements. Nous n'en avons qu'un provisoire, et encore l'avons-nous cherché longtemps; tous les hôtels sont remplis. J'ai déjà assisté à une séance de l'Assemblée nationale mourante; nous lui succéderons le 1er du mois; c'est une mission qui me flatte et qui m'effraye.

Vergniaud à Monsieur Alluaud.

Paris, octobre 1791.

J'ai reçu votre lettre, cher frère, et j'ai écrit sur-le-champ à M.***. Cette commission est facile à faire. Il n'en est pas de même de l'autre, et je vous avoue franchemen que je suis fort embarrassé pour la faire. Je doute que j'aie assez de relations avec les ministres; je n'en aurai jamais d'assez intimes pour leur demander des grâces, et dans ce moment-ci, je ne connais pas même leur visage.

Paris, 10 octobre 1791.

Quand vous m'écrirez, ne mettez pas d'autre adresse que mon nom et ma qualité de député. La lettre sera portée à l'Assemblée nationale, et je ne payerai pas de port. Je crois, du moins, qu'il n'y a pas d'autres précautions à prendre . . . .

Paris, 18 octobre 1791.

. . . . . . Je voudrais pouvoir vous donner des nouvelles de M. de Laporte, mais il est comme les ministres de l'ancien régime, invisible; il me sera impossible de vous être utile par moi-même. Comme je ne veux pas qu'on puisse m'accuser d'avoir eu une opinion qui fût le prix d'une faveur, je me suis fait un devoir de n'en solliciter aucune, quand je parviendrais à acquérir assez de crédit pour en obtenir. Je crois que cette profession de foi doit me rendre plus digne encore de votre estime et de votre amitié. Je viens de recevoir un témoignage de la bienveillance de l'assemblée : j'ai été nommé vice-président. Je serais plus flatté de mon élévation si j'avais fait quelque chose pour la mériter; mais je sais que je ne la dois qu'à une espèce de hasard qui dirige les élections, tant que l'on ne se connaît pas. Nous n'avons encore rien fait, mais je pense qu'avant la fin de la semaine, l'assemblée aura pris l'aplomb convenable, et qu'elle se montrera digne des fonctions qui lui sont confiées.

Paris, 28 novembre 1791.

Je réponds aujourd'hui à l'oncle, qui m'a écrit sur sa séparation d'avec vous. Je lui mande qu'on peut penser différemment et rester bons amis; qu'en conséquence, j'espère que la diversité de vos opinions n'altérera pas votre amitié mutuelle, et qu'en tous cas, elle n'affaiblira pas mes sentiments pour lui..... J'ai tardé à répondre; je suis excusable. Pendant ma présidence, je n'avais pas un instant à moi. L'assemblée prend de l'aplomb. Il y a des talents, mais il y a trop de bavards.

Paris, 1791.

. . . . . . Ménagez-vous davantage, afin de ne pas me donner ce genre d'inquiétudes. C'est bien assez de celles qui tiennent à notre position politique. Elle n'est pas cependant si mauvaise que nos premiers échecs ont pu le faire craindre. L'ordre se rétablit dans les armées, et, à l'exception de quelques régiments étrangers qui pourraient fort bien encore déserter, nous avons lieu d'attendre tout du courage de nos troupes. Paris est inondé d'aristocrates émigrés revenus et d'aristocrates qui ont quitté leurs départements pour se réunir à eux. Leur rassemblement a donné quelques inquiétudes; mais, avec des précautions de police, on en viendra à bout..... Il pourrait survenir avant peu quelque changement dans le ministère. La cour est un foyer d'intrigues continuelles, et ce qu'il y a de particulier est qu'on rejette tout sur la députation de la Gironde. C'est elle qui fait et défait à son gré les ministres, qui gouverne despotiquement l'empire. Depuis les décrets d'accusation contre M. de Lafayette, tous les jours on l'attaque dans quelque libelle et dans quelque journal. Heureusement qu'avec un profond mépris pour toutes ces calomnies, on va son train, en faisant de son mieux sa besogne et tâchant de sauver le vaisseau de l'État au milieu de la tempête. .

. . . .

Paris, 1er février 1792.

. . . . . Ne me sachez pas mauvais gré si je ne lui en
ai pas parlé moi-même; vous verrez par la lettre circulaire
que je renvoie à ceux qui m'écrivent pour des demandes à
faire, et dont je joins une copie à ma lettre, que je suis
tout à la fois enchaîné par la délicatesse et par un décret.

Je vous envoie en même temps un exemplaire d'un
projet d'adresse que j'ai présenté à l'assemblée, et
dont elle a ordonné l'impression avant de l'adopter [1].
Nous faisons toujours un peu de bruit; cependant,
à mesure que nous approchons des grands événements,
l'assemblée prend de la dignité; ce ne sont pas les
talents qui lui manquent, ce sont des bavards qu'elle
a de trop. Heureusement ceux-ci, dont plusieurs ont des
intentions pures, commencent à sentir leur impuissance
et la nécessité de laisser la tribune à d'autres. Au reste,
ce qui nous est arrivé arriva à l'Assemblée constituante,
et, les trois premiers mois, elle fit plus de bruit que de
besogne. . . . .

Paris, 31 juillet 1792.

Je n'ai point répondu à votre dernière lettre, mon cher
frère, je n'y répondrai même pas, car je l'ai égarée. Nous
vivons dans une agitation continuelle et extrêmement fati-
gante pour la santé. J'ai été incommodé quelques jours. Il
y a continuellement des scènes au Palais-Royal ou ailleurs.
La plus grande fermentation règne dans les têtes et nous ne

____

1. *Moniteur universel*, 17 décembre 1791.

savons trop où elle s'arrêtera. Nous entrons dans le mois où doivent, dit-on, se passer de grands événements, où les armées étrangères entreront sur notre territoire. Jamais les patriotes n'eurent besoin de plus d'union, de plus de courage. La conduite toujours équivoque du roi augmente nos dangers, et prépare peut-être, s'il ne se prononce pas promptement d'une manière décidée, quelque grande catastrophe. On assure qu'il vient aujourd'hui à l'assemblée. Il a maintenant des efforts bien extraordinaires à faire pour précipiter dans l'oubli toutes les fausses démarches qu[i] ont irrité contre lui, parce qu'on les regarde comme autant de trahisons, et qui oserait affirmer qu'en effet nous ne sommes pas trahis? . . . .

Paris, 16 septembre 1792.

J'ai été si tourmenté, si accablé, si malade, mon cher frère, depuis le commencement du mois, et en même temps si occupé à la commission extraordinaire que je n'ai pu écrire une seule lettre . . . .

. . . . . Quant à ma nomination [1], je vous avoue que l'épuisement de mes forces morales me la rend aussi pénible que flatteuse; et si les temps eussent été calmes, si l'horizon de Paris ne paraissait pas encore chargé d'orages, s'il n'y avait eu aucun danger à courir en restant, si je n'avais pas cru que je pourrais être utile pour lutter contre quelques scélérats dont je connais ou soupçonne les projets, je n'aurais pas hésité à refuser. Mais, dans les circonstances actuelles, c'eût été une lâcheté et un crime, et je reste.

1. A la Convention.

Vergniaud à sa sœur, madame Alluaud.

Paris, 1793 [1].

Je te remercie, ma chère sœur, du tendre intérêt que
tu me témoignes. Je suis très-fatigué, malade même encore
pour deux ou trois jours des suites de ma présidence, mais
je ne sache pas d'ailleurs avoir couru aucune espèce de
risque pour ma vie. A la vérité, le bruit se répandit à Paris, le dimanche [2] où Saint-Fargeau fut assassiné, que je
l'avais été aussi, au ci-devant Palais-Royal, et en rentrant
chez moi le soir, je fus tout étonné d'apprendre ma mort
par les gens de la maison. Je me pressai de leur donner
un démenti, et je suis obligé de renoncer aux honneurs du
Panthéon. Au reste, je me tiens sur mes gardes. Je sais
que j'ai beaucoup d'ennemis, et parmi les aristocrates et
parmi les faux patriotes, et je prends mes précautions en
conséquence.

Lettres de Vergniaud à son neveu et à son beau-frère.

La Force, août 1793.

Je te remercie, mon cher Francis [3], de m'apprendre que
ton papa se porte bien ; il est inutile que tu viennes encore, car tu ne pourrais pas me voir. Ménage ta santé, la
mienne est bonne. Fais parvenir ce petit billet à ton père.

1. Cette lettre doit avoir été écrite quelques jours après la condamnation
de Louis XVI.
2. Lepelletier de Saint-Fargeau qui fut assassiné par Pâris.
3. Monsieur Alluaud, fils de la sœur de Vergniaud.

« Malgré les persécutions, je me porte bien. Il est glorieux de souffrir pour son pays et pour la liberté. Je ne suis inquiet que pour la chose publique; puissent mes persécuteurs la sauver! Je leur pardonne tout le mal qu'ils me font. Je vous écris de la Force où je suis aussi bien qu'on peut l'être en prison. Adieu, frère, embrassez ma sœur, les enfants et l'oncle. Je vous embrasse vous-même de tout mon cœur. »

FIN.

Imprimerie L. TOINON et Cie, à Saint-Germain.

www.ingramcontent.com/pod-product-compliance
Ingram Content Group UK Ltd.
Pitfield, Milton Keynes, MK11 3LW, UK
UKHW022314070726
13614UKWH00002B/730